大丈夫！子育て順調よ

乳幼児から思春期の子をもつ親へ

熊丸みつ子

かもがわ出版

はじめに

私は、いま、子育て講座や思春期講座、親子遊びやリズム遊びの指導などで、全国を回っています。午前中は、幼稚園や保育園、子育て講座で、子どもたちやお母さんたちとかかわり、一緒に遊び、子育ての話をします。午後は、小・中・高校で思春期の子どもたちとかかわり、身体や心の発達（性教育）、一人ひとりがどんなに素晴らしい存在なのかというメッセージを伝え、「いのち」についての話をします。また、最近は、乳幼児をもつ親や、思春期の子どもをもつ親、先生方や子どもにかかわるおとなのみなさんに話す機会も増えてきました。

小さな子どもをもつ親たちは、いつもチョロチョロと動き回り、ちっとも言うことを聞かない子どもたちに、イライラの連続です。「私の子育て、これでいいのかしら？」と子育てに不安をかかえ、疲れ、ノイローゼになりそうな親もいます。

私は伝えたいのです。「イライラするお母さんも、イライラさせる子どもたちも順調よ！」と。そして、「チョロチョロの後には、必ず〝落ち着き〟がやってきます」と。「急げ！　走れ！　動け！」と言っても、ちっとも動きません（そうです、ステキな思春期です）。あんなにベタベタと親にくっつき、動き回り、おしゃべりしていたわが子が、親を無視し、口をきくと「うるさい！　ムカツク！」とにくまれ口をたたき、親に反抗する。親はイライラし、ギャアギャアと言いたくなる。何を考えているのか、わからないわが子に「うちの子、大丈夫かしら?」と心配し、不安になる。

私は、伝えたいのです。「子どもたちは順調ですよ!」と。精神的にも肉体的にも、おとなに向かって成長している証拠です。親をうるさがり、友だちとの関係が濃くなる時期でもあります。自分の感情をコントロールできず、そんな自分を責め、「こんな自分でいいのか!」と悩み、それでも頑張って生きていきたい、ステキな自分でいたいと、必死に成長の階段を登っている子どもたち!

今回、この本は、講演して回っている内容をまとめました。まず第1章は、「うちの子大丈夫かしら?」と子育てに不安をかかえているお母さんへ、「大丈夫、順調よ!」というメッセージを綴りました。

第2章では、中学生・高校生の子どもたちが、自分自身を本当に大切にし、思春期という子どもとおとなの間をいったりきたりのこの時期を、自分らしく成長してほしい。そして素晴らしい自分を見つめるために、性教育をふまえた「いのち」の大切さを、中学生に語ったものをまとめました。

この本を読んでいただいた後「うちの子、最高!」「生まれてきてくれてありがとう!」「あなたのことが大好きだよ!」、そんな優しい幸せな気持ちになっていただき、子どもたちにステキな笑顔を向けていただければ、本当にうれしく思います。

そして何よりも「どの子も幸せになってほしい!」と願っているみなさんが、おとなとして、親として、いま何を、どのように子どもたちへ伝えていけばよいのか……という思いの、きっかけになればと願っています。

大丈夫！　子育て順調よ！

乳幼児から思春期の子をもつ親へ

◎もくじ

第2章　すばらしい思春期をきみたちに——73

写真撮影・豆塚　猛

第1章

お母さん、大丈夫！
子育て順調よ

「笑顔」は一生の財産

私たちおとなでも、笑顔をもらうと、安心していい気持ちになります。子どもたちは、もっとこの笑顔をもらいたいのではないでしょうか。笑顔をもらうことで、子どもたちは、安心するのではないかと思うのです。笑顔は、子どもたちの精神安定剤だと私は思います。みなさんはどうでしょうか。

毎日、親は、おとなは、子どもに笑顔を出したいのです。たとえば、子どもたちが「母さん」と言ったら、ニッコリして「なあに」と優しく言いたいですよね。でもなかなか、この笑顔が出ない時があるのです。今朝はみなさん、子どもたちを笑顔で送りましたか。

私は今日のように全国を回ってお話をしています。ある中学校で生徒たちに話し終わった時のことです、さっと手を挙げた子がいました。「先生、先生はどうして、そんなにいつもニコニコしながらしゃべれるのですか」と尋ねました。

私がいつもニコニコしているのは、私にかかわってくれたたくさんの人から笑顔をもらい、私の笑顔が一番だよ、と言って褒《ほ》めてくれた先生がいたからです。この先生との出会いが、私の子どもたちへのかかわりの原点です。

私は、小学校1、2年生のころ、本当に順調だったもんですからチョロチョロ、チョロチョロしていました。そんな私に担任の先生がこう言いました「みっちゃん、あんたは悪い」。私は自分が悪いと思っていました、よくおしゃべりもしていましたから。「みっちゃん、お口にチャック！　みっちゃん、チャック！」といつも言われていました。ですから、私は学校に言ったらお口にチャックをしとかなくちゃいけない、体を動かすのもいけない、と思ってました。4年生までは、学校へ行くとじっとして、あまり自分を出せませんでした。ところが、5年生になって担任の先生が替わりました。もうずいぶん前に退職されましたが、牛乳びんの底のような分厚いメガネをかけた、目のちっちゃな先生でした。その先生が教室に初めて入って来られた時のことが新鮮で、いまでも忘れられません。

　ガラガラと教室の戸を開けて突然大きな声でこう言ったのです。「おっ、ここに45人の生徒がいるな！」。

　おはようも言わないで「45人の生徒がいたら、45のいいところがある。今日は先生がみんなのいいところ、言うからな」……と、最初の言葉がそれでした。忘れません。変な先生だと思ったんです。でも44人にいいところがあっても、私だけはないと思っていました。

　クラスで一番財産をもっている子、わかります？　煩《わずら》わしさをいっぱいもっている男の子がいました。彼はわかりやすかったのです、煩わしさを出していましたから。「りゅう、おまえは悪い！」と言いました。∧なんだ、この先生も他の先生と一緒、この子のこと悪いって言った∨。私はシラーとしていました。でも先生は違いました。ニッコーとして「りゅう、おまえは悪い、だからわかりやすい」と言ったのです。「おまえが悪いことしたら、悪いと言えるし、いいことしたら、えらいと褒めてやれる。先生はおまえたちにいろんなことを教えていくのが仕事だけど、その点おまえは手間がはぶける、ありがとうな」と言ったんです。その子、褒められたのか、叱られたのかわからなくて「ハア？」って顔してました。

私は何て言われるんだろうか、胸がドキドキしていました。先生が私のそばに来て、私の頭をなでるんです。そしてニコニコして私を、覗《のぞ》き込んだんです、その時すごく感動しました。なぜってわかります？　目が、とっても大きくて、とても優しい目をしていたのです。私はこんな先生になりたいと思いました。

そして、「みっちゃん、あんたの笑顔はいいね！」って言ったんです。うれしかったですね、褒められて。「みっちゃんの笑顔は最高だよ」と。本当にうれしかったですね。私には笑顔がある、笑顔がある。それから私のあだ名が変わったんです、「スマイルちゃん」に。仲のいい友だちはいまだに私をスマイルちゃんと呼んでくれます。その時、先生が言ったんです。笑顔は人を幸せにする、笑顔は人間の財産だと。私にも財産がある、この先生のひとことが、思春期の私を支えてくれたように思います。こういうおとながいたんですね。私はいまでも履歴書に「長所―笑顔」と書いています。

手間ひまかけるということ

私たちは、子どもたちにいつもこの笑顔を出したい、笑顔で接したいと思っているのです。ところが、なかなかこの笑顔が出ない現実があるのです。

生活リズムをつくるためにも早く寝かせたい、でも寝ない。イライラ、イライラします。「やりなさい。やらなかったら、絶対あれ、買ってやらない」と、いろいろ脅しながら、のリズムをつくろうとするのですが、なかなか脅してもつくれないのが生活のリズムなのです。

それでも、子どもたちを見た時に、イライラしないで、ゆったりした自分でいたいと思うのでしょうけれども、現実には、イライラする自分がいる。

「先生、このイライラ、いいんでしょうか」と、よく聞かれます。親というのはイライラしないで、子どもの目線に立って言い分を聞いて、穏《おだ》やかにひと呼吸おいて子どもに接するようにと、よく言われますが、はたしてできますか？　日々、子どもと接していて、イライラしていると、こんな建て前は忘れてしまいます。

私は、もう一回みなさんに確認したいのですが、「子どもが小さいこの時期はイライラするというお母さんは、どうぞ手を挙げて」。「ハーイ」イライラしますよね。でも私は、イライラするお母さんを見た時に本当に安心するんです。なぜだか、わかりますか。それは、イライラさせてくれる子どもたちが、そこにいるからなのです。イライラさせてくれる子どもたちは、生きる力を身に付けようとしている。この時に、親をイライラさせます。

だから私たちは、何度も言い聞かせながら、これはダメよ、こうよと伝えていく。それでも思いどおりにならないから、イライラするのです。

みなさん、子どもが一番かわいく見える時は、いつですか。そうですね、寝て動かない時。あの寝顔、本当にかわいいですね。みなさんは、この子の寝顔を見て謝っていませんか。「ごめんね。もう、ガミガミのママで」と。

そして決意しませんか、「明日は絶対優しくなる！」と。でも、ひと晩寝たら、また元に戻りガミガミ、イライラがはじまる。「こんな私でいいのかしら！」それでいいんです。この時期にイライラしないママはいません。だって子どもたちが順調に育っているのですから。順調に育っている子は、親をイライラさせるのです。でも、そうは言っても、イライラしたくない。心の中では毎日、笑顔を出したいと思っている。そうでしょう？

では、みなさんのお子さんがこうだったら、絶対、イライラしないと思います。どういうお子さんだったらいいかを言います。「来なさい」、サッと来ればいいんです。「寝なさい」、パタッと寝る。「食べなさい」、サッと食べる。「泣きやんで」、パッと泣きやむ。「けんか、だめ」、サッとやめる。もう最高です。そうしたら皆さんは一日中、ニコニコですよ。

それが、現実はどうですか。こっち来なさい、いや。寝なさい、グズグズ。イライラしますよね。食べなさい、こぼす。寝なさい、起きる。起きなさい、寝る。お風呂入りなさい、ダラダラ。泣いちゃダメ、泣く。けんかしちゃあダメ、けんかする。おしっこ行きなさい、「出ない」と言い、ジャーともらす。まったく頭にきてしまいますよね。

だから私たちは、一つひとつ伝えていくしかないのです。これはいい、これは悪いということを。〈手間ひまかける〉ということが、私は大事なのだろうと思うのです。

それでも、一回言ったらわかってほしい。だからみなさんは、毎日子どもに言っていませんか。「何回言ったら、あんたはわかるの！」。

私は、この時期には何回も言わなければいけないと思っています。繰り返し、繰り返し伝えていく。それしかないのです。

「昨日、言ったでしょう。いまも言った。さっきも言った。忘れちゃったの！」。そう、忘れるんです。だから私たちは毎日毎日ギャアギャア言っているわけです。本能のままに叱っているうちに、何を叱っているのかわからなくなる時ありませんか？「もう、何で私が怒っているかわかる？わかった？」と言うと子どもが「わからん！」と言う。また頭にくるんですよね。「何でわからんね！」て言いません？子どもが「わかった！」と言っても、次にこう言いませんか「目がわかってない！」とかね。でも、子どもはすぐに忘れるのです。

完全に忘れているのだと、私は思います。だから、繰り返し、繰り返し教え、伝えていく。この時期10手がかかる子は、10の生きる力を身に付けると思います。20手のかかる子は、20の財産を持っているだろうと、私は、そういう見方をします。子どものやることに無駄はないと思っていますから、全部生きる力につながると思っています。すべてです。子どもってステキですね。

人間関係の土台をつくる

　私はどの子を見ても思うのです。もちろん、みなさんのお子さんもそうです。子どもたちは、生まれてくる時、きっと、「母さん、父さん、僕、幸せになるね」と言って生まれてきたに違いない……と。誰一人として「イエー、不幸せになる」、そんな子はいません。みんな幸せになろうと思って生まれてきたのだと私は思います。

　そして、生まれたその瞬間から、幸せになるための成長の土台を踏んでいるのです。ですからみなさんのお子さんは、抱いてもらいたい時にどうしましたか。呼びましたか、呼びませんよね、泣きますよね。おなかがすいたら泣き、さみしいと泣き、抱いてほしいと泣きます。みなさんは、子どもが泣いたら飛んで行きますね。

　私はいま、中学校、高校、大学をずっと回って子どもたちに話をするのですが、中学生がかわいいのを知っていますか。幼児期のみなさんのお子さんも、本当にかわいいのだけれども、中学生もかわいいです。ときどき眉毛をどこかに置いてきたような子もいるのだけれども。

　この前、私の地元の中学校で講演した時に、子どもたちに聞いたのです。「きみたちはさ、おなかがすいたらどうするの」と言ったら、中学生が、しっかり答えていました。

「腹、減ったって言います」と。「じゃあ、親は何て言うの」「待ってな、って言う」「ああ、そう」。こっちの子に、「きみはどうするの?」「オレ自分でチンする」「きみ、偉いね」。「先生先生、オレ違う」「きみは何って言われるの?」「セブンに走れ!」「そうか、君はコンビニに走るのか」。

「でも、きみたちは小さい時、おなかがすいたら泣いたよ。泣くとね、母さんが来たの。母さんはさっと来たのよ。すごいよね」と言ったら、中学生は「信じられねえ」。「いや、ほんとに来たんだよ」。

みなさんは、行きましたよね。子どもが泣いたら、さっと行きますよね、第一子の時は。第二子は、「ちょっと待ってて」。第三子は、パッと見て、「いや、まだ大丈夫」とか。

でも、子どもたちは、こうなんです。「僕が泣いたら、母さん、来てくれた」。ここで、しっかり信頼するという人間の基礎をつくります。「僕が泣いたら、父さん、来てくれた。だっこしてくれた」。優しさの基礎をつくります。「僕が泣いたら、父さんも母さんも来なかったよ。ばあちゃんが飛んできた。ばあちゃんは、何かしらんけど、ようしゃべった。でも優しかった。おむつを替えてくれた」。安心をもらいます。こうやって、おっぱいをもらい抱いてもらい、笑顔をもらって満足し、気持ちよさ、優しさ心地よさを、しっかりとためて人としての土台をつくっていきます。

ただ、この時期から、いまの子たちはぐらついていると言われています。

子どもたちは泣くのがあたりまえ。ところが、ここです。親は「何で泣くの」「何で泣くの」と不安になります。言えないから泣くのです。子どもたちは泣いて知らせます。人間としての基礎づくりをしているのです。泣くということは、親であるみなさんを信頼しているから泣くのです。ですから私は、この時期に、10泣く子は10幸せになる、20泣く子は20幸せになると思っています。泣いた数だけ親にかかわってもらえるのですから。子どもたちのやることに、無駄はありません。すべて生きる力につながっているのです。

　そして子どもたちは、笑顔をもらって幸せになろうとします。あの赤ちゃんのころに、人から笑顔をもらうと、ステキな笑顔を出しましたよね。ニコッと、かわいかったでしょう。ですからみなさんも、赤ちゃんを見るとついつい、ニコッとしたくなりませんか。

　反対に、初めて見る赤ちゃんにニコッとしてもらった経験のある方もいらっしゃるでしょう。子どもを連れてスーパーに買い物に行くと、全然知らない私みたいなおばちゃんが、みなさんのお子さんにニコッと笑いかけてくれた経験がありませんか。あれは、あの子たちがかわいい笑顔で言っているのです。「母さん、父さん、僕に笑顔をちょうだい。そうすると、僕は人間の基礎をつくる、土台をつくるよ。でも、母さん、父さんだけでは足りない。もっと、おじちゃんも、おばちゃんも僕に笑顔をちょうだい」。だから、あの時期の子たちは、あんなにかわいいのだと私は思います。言葉をもらい笑顔をもらい、安心をもらってる。

　いまの赤ちゃんが笑わないとか、表情が貧弱になったとか、よく耳にします。たしかに子どもたちは昔と少し変わってきましたよね。小学校でも中学校でも同じようなことが出てきているのだと思うのですが、ただ子どもたちは、昔も今も本当は変わっていない。変わったのは、かかわってもらう量、伝えてもらう量が少ないのだと私は思うのです。子どもたちは、その時期にもらうものをもらわなければ出せないことを知っています。だからこそ、この時期にたくさんの人にかかわってもらうことが大切なのです。どれだけの人にかかわってもらっているかで、子どもたちの土台が違ってくるのだろうと思います。

みなさんは、駅などの地べたに座っている高校生にニコッとしますか？　しないでしょう。笑顔をもらうあの時期に、私たちは笑顔をあげたくなる。子どもたちは、あの時期に笑顔をもらわなければ土台ができないことを知っているのです。

そして、あの子たちは抱かれようとします。みなさんのお子さんで、夜泣きで困った方はいませんか。きつかったでしょう。もう、抱くしかないのです。子どもというのは、ステキです。抱かれる時は、ちゃんとわかっていますから。子どもたちは、こう言っているのです。「母さん、父さん、僕はいま、抱かれるのが仕事。抱かれて安心する。抱かれて土台をつくるよ。僕は、母さんが大好き。父さんが大好き。だから、昼間だけでは足りないの、夜も抱いて」と泣くのです。

中学生になったら夜泣きはしません。高校生になったら、けっ跳ばしても、起きません。夜泣きはあの時期しかしないのです。私は、あれは子どもたちの仕事だと思っています。子どもたちのやることすべてが、生きる力につながっているのだろうと思います。そして、子どもたちは抱かれて安心します。

「先生、抱きぐせがつきますか」とよく聞かれます。いいえ抱きぐせなんてつきません。いっぱい、いっぱい抱いてあげてください。

生きる力につながる

子どもたちは、それから順番に仕事を始めます。何の仕事を始めますか。まず物を何でも口に入れました。食べる、食べられないをお勉強します。そして、しゃべる準備をします。この前びっくりしたのですが、福岡の方で新聞紙遊びをしました。そしたら赤ちゃんが新聞紙を口に入れていたのです。お母さんが大声で「あっ」と言うのです。第一子だからもうあわてて「あっ～」と。私はお母さんに安心してもらおうと「お母さん、この子はステキ、順調よ。この子はいま、お口で勉強してるの、この子はすごいわー」と、赤ちゃんを褒めたんです。そしたらうれしそうに「そうですかー」って。安心するよりも、私は内心〈早く新聞紙を口から出して！〉と言いたかったのですが。

それでまたびっくりしたのですが、こっちを見ると若いお母さんが赤ちゃんの口に新聞紙を入れてるんですよ。「あ、ママ何やってるの？」「だって先生は、こっちの子が口に入れたら順調って言った。うちの子は口に入れない、だから入れてるの」。「違うのよ、口に入れた時ダメって言って出してあげたらいいのよ」と、その若いママに伝えたのですが、驚きました。
いまの親は困った、とよく言われます。違うんです伝えてもらってないのです、お母さん自身が。伝えてもらっていないから、わからないのです。私たちは子育ての文化を伝えていかなくちゃいけないと思うんです。

さて、次に指を使いました。トイレのペーパーをグルグルと全部出しませんでしたか。ヒモがあったら引っ張りませんか。穴があったら指を突っ込んで。ティッシュペーパーを全部出して。洗濯ものは、バラバラにして。お父さんがお財布なんかを置いておくと、子どもが中身をバラまいて。……。ティッシュペーパーを箱から出すこと一つをとっても、子どもにとってはあれは仕事だと私は思っています。

子どもの日常生活は、すべて遊びです。そのなかで子どもたちは、いい、悪いを学んでいきます。ティッシュペーパーを出して散らかしている時に、褒めた方はいますか。「まあ、◯◯ちゃん、今日の出し方はいいわね」なんて。

言いませんよね。では何と言うか。「何を散らかしてるの、ダメじゃないの」と言いますよね。そう、ダメなものはダメなのですから。でも、みなさんのお子さんは言いたかったのではないでしょうか。「母さんちょっと、怒る前に僕の話を聞いて。僕はいまね、生きる力の基礎、前頭葉を発達させているんだよ。これはね、散らかしているだけじゃないんだよ。指先を使うと前頭葉が発達して、ボールが飛んできたらよける。転んだら手が出る。見通しを持つ。本当に頭のいい子を育てようと思ったら、母さん、これをさせなきゃダメだよ。母さん、わかる？」。

「思春期のお兄さんが『キレる』という。これは、前頭葉の未発達と言われているんだよ。だから僕は、しっかりこの仕事をしながら、前頭葉を鍛えているんだよ」と。もし、あの時期に子どもたちがそう伝えてくれたら、みなさんは、喜んでティッシュペーパーを束で買ってきますよね、全部使ってと。

でも言いません。言わないでやるのですから、子どもというのはすごいのです。すべてが生きる力に結び付くのです。無駄なことはしていません。

指の次は、どこを使うか知っていますか。足です。チョロチョロと、ちょうどみなさんがいま子育てをしているこの時期の子たちは、足を使っているはずです。違いますか。チョロチョロ、チョロチョロと動きませんか。3歳児は、よく動きます。4歳児はピークです。5歳児は、もうお母さんが太刀打ちできません。とにかく動きますから、チョロチョロと走ります。「どうして、あんたは落ち着きがないの、パパに似て」と。違うのです。あれは仕事なんです。

ですから、ああいうチョロチョロしている子を見ると、これは仕事なのだなと私は思います。ただ、このチョロチョロするのが親はイヤなのです。じっとしている子が好きなのです。じっとしている子は、親にとって都合がよいですからね。でもそうはいきません。子どもたちは、生きる力を身に付けなければいけませんから……。足をしっかり使います。

みなさんは保育園や幼稚園なんかに行って、子どもたちを見ていると、たとえば廊下を移動している時、先生方が無意識のうちに、うしろから、こう言っているのを見たことがありませんか。「廊下は歩きなさい。走っちゃあ、ダメ。ゆっくり行きなさい。歩きなさい！」と。でも子どもはみんな、走ります。うしろから行く先生も、「歩きなさい！」と言いながら、走っているのです。子どもたちも、先生方も順調ですね。

自分の命も、人の命も大切にできる

ところが、これは本当にすごいのですが、子どもというのは無駄なことをしていないなと思うのは、中学生になると絶対に急ぎません。知っていますね、中学生をお持ちの方は。絶対、走りませんよね。私はいま、中学校をずっと講演で回っているのですが、もう、中学生は最高です。順調です。チョロチョロが出てしまったあの子たちは、いまや落ち着きが入っていますから。

中学校へ行きますと、講演はだいたい体育館でやることが多いですね。全校生徒が集まってくるのですが、誘導するのは、ほとんど男の先生です。マイクを持って、何となく雰囲気が似ています。なぜかジャージを着ている先生が多いのです。そして、体育館の端っこのほうで斜めに構えて、生徒に、「走れ。急げ！」「走れ。急げ！」と言うわけです。女の先生も、マイクは持ちませんが、しっかり子どもたちに指示、男の先生をバックアップをします。

ところが、子どもたちは本当にすごいのです。中学生はどうするのか。全員が、こうです（悠々とそっくり返って歩いている）。どんなに先生が「走れ。急げ！」「走れ。急げ！」と言っても、全員がダラダラと歩く。急がない。先生は、カアっとくるわけです。〈これは言っても絶対無駄だと思いながら〉しかし、ここで言わなければいけない、おとなの仕事だと。

で、先生は言います。「やり直し。座れ」と言うと、バラバラバラバラと座るんです。「やり直し。立て！」、バラバラ。「座れ！」、バラバラ。こうやって、先生方は何回かやり直しをさせます。最後に必ずまとめをします。「よおし！」。でも全然変わっていません。

私は、中学生たちに言います、「きみたちは順調だねと。チョロチョロが全部出たから、いまは落ち着きが入っている。きみたちはこれからだよ。理性をはたらかせて、急ぐ、ゆっくりを学ぶ。きみたちはこれからだから頑張るんだよ」と言うと、中学生はかわいいです。全員が、こっくりうなずいていますから。

みなさんのお子さんが、チョロチョロするのは仕事ですが、チョロチョロするこの時期に、「もうイヤだ！」と思ったことはありませんか。ヒモを付けたいと思った時がありませんでしたか。ところが、いまはヒモがあるんですよ、すごいですね。犬と一緒で上半身の背中がバッテンになっていて、真ん中にヒモがあって、引っ張って歩くんです。見たらびっくりします、本当に驚きました。

高いものには羽根が付いているんですよ。天使の羽根みたいにパタパタと動くのです。もっとすごいものは、伸び縮みする。手許のスイッチを押すとヒモがパッと短くなるのです。

私は、博多駅でこれを見てびっくりしました。チョロチョロしている子に、私が「危ない！」と叫んだら、こっちにいたママが「あら、うちの子」。知っているママだったら、「だめよ、しっかり手をつないでいなきゃだめでしょう」と言うのだけれど、知らないママだから、そのママにちょっとにらみ目線で抗議したんです。そのママは「あれ、うちの子は？」とか言って、ピッとどこかを押さえたら、長かったらヒモが短くなって、子どもがスルスルと親の所に戻って来るんです。

私は、何でこうやって子どもにヒモが付くのかなと思いました。もうびっくりです。ただ、このヒモがいまの子育ての貧弱さを現しているように思います。昔はこうです。「おばちゃん、見とって」。「よか、よか。行っといで」と言ってくれるおばちゃんがいました。いまは、いません。連れていくしかないのです。危険を冒してはいけない。ママ自身イライラしたくない、買い物もしたい……。だから、ヒモが付いてきた。でも違います。この時期は、しっかり子どもと手をつないで、危ないということを教える時期です。

みなさんは、幼稚園の送り迎えは歩いてですか。いいですね。私は、保育園・幼稚園の時期はせめて、送り迎えは歩いてほしいなと、いつも思っています。だから、歩いて行けるところに行ってほしいというのが私の理想なのです（が、そうはいっても現実的には、なかなかいまは無理ですね）。それはなぜかというと、1年365日は、みなさんが考えれば、そんなに長くないと思うかもしれませんが、幼児期の2年間、3年間は子どもと親とのかかわりが、とても大事な期間です。

たとえば、一緒に歩いている時に、きれいな花が咲いているのを見た。余裕がある時は、みなさんはどうしますか。「まあ、きれいな花ね」と言うでしょう。

帰る時、手をしっかりつないで子どもと歩いていると、子どもは同じことを3回やりませんか。「○○ちゃん、危ないから、絶対車のところに出ちゃあダメ。ここは危ないから、こっち。ダメ、ダメ」と言いながら、手をつないで帰ります。そうすると、ちょっと横のお母さんと話をして手を離したスキに、子どもたちは、パッと道路に出る。そうすると、みなさんに理性がまだ残っている時は、優しく言うでしょう。「ダメ。危ないから、ダメ」。2回目にやると、「ダメって言ってるでしょう。危ないでしょう」。3回目は、「ひかれたらどうするの！」と叱ります。

私は、こういう手間ひまかける日常の積み重ねというのはすごく大事だと思うのです。手間ひまをかけて子どもを育てる。また、子どもたちは、手間ひまかけて育ててもらうようになっているのです。だから親をイライラさせるのです。これは、食も含め、睡眠時間も含め、子どもたちの生活すべてに言えることです。

子どものやることに無駄はない

昔は、本当によく歩きました。私は、いまの子どもたちを見ていて、何がダメなのかな、どうしたのかな、何でこんなふうになってしまったのだろう、と考えます。

要因は一つではありません。いろいろな要因があります。ただ一つ思うのは、便利さが子どもをダメにしたのではないかということです。

お水一つとっても、昔は、井戸からつるべで水を汲み上げていました。しっかり足腰を使いました。でもいまは水道の栓をひねるだけ、あるいはポンと押すだけで水が出てきます。身体は使わなければ発達しないのです。

たとえば、脳卒中で倒れられた方は、リハビリをします。身体を動かし、使うから段々もとの身体に戻るわけです。子どもたちも一緒です。使わなければ発達しません。だから足腰を鍛え、身体の土台づくりをしているこの時期、子どもたちはチョロチョロと走り回るのです。幼児のあの時期に歩く・走る、チョロチョロ動くということは、そのことによってしっかりと身体の土台をつくっているのです。

昔の子どもたちは、土踏まずができる時期が早かった。いまの子どもたちは、土踏まずのできる時期が遅くなっているといわれます。土踏まずができると、身体を支えるから疲れないのです。疲れないから動くのです、遊ぶのです。遊んで動くから、おなかがすくのです。おなかがすくから、食べるのです。食べるから、身体ができるのです。できるから、また活動できるのです。

ところがいまの子たちは、すぐ疲れる。疲れるから遊ばない。遊ばないから、おなかがすかない。おなかがすかないから食べない。食べないから、身体ができない。悪循環なのですね。

「じゃあ、先生、どうしたらいいの？」と。でも心配はいりません。子どもたちは、親がそう言わなくても、動いて、ちゃんと身体をつくるようになっていますから。エネルギーを出してしっかり食べるために、自分の身体をつくるために動いているのです。子どものやることには何ひとつ無駄がないのですから。

だから、歩いて幼稚園に行く、学校に行くあの時間は本当に大事なのではないでしょうか。もちろん、バスや車は便利です。親にとって便利だけど、子どもにとってはどうなのかなあ、と最近思います。

私は、おむつ一つをとってもそう思います。紙おむつと布おむつを考えても、布おむつというのは親にとっては非常にたいへん。ところが、紙おむつは便利です。汚れたら捨てればいいし、出かける時もとても便利です。子どもにとっても、紙おむつは快適で、布おむつは不快。

だから布おむつは、泣く回数が多いですね。紙おむつで2回泣くところを、布おむつでは5、6回泣く。2対6では、どっちがたくさんかかわるか。このことをとっても、手間ひまかけるということに関係があるのかなと思うのです。ただ、どちらを選択するかは、親が考えればいいと思いますが（両方使いわけるといいのかなあ、と思いますが）。

ちょっと横道にそれる話ですが、この会場の中で、子どもを布おむつで育てたお母さんはいますか？　あれは、洗うのがたいへんだったでしょう。その時、上の子どもたちがお母さんに聞きませんでしたか。「母さん、赤ちゃんのウンコは汚くないの？」と。そこで、みなさんは答えたでしょう、「何で、あんたたちのウンコが汚いものか」と。機嫌がいい時は。機嫌が悪い時は、「汚いよ！」なんて言ってるかも。

ある幼稚園で講演をしたあとのことです。その園の近くにスーパーがあるのですが、そこであるお母さんにお会いしたんです。そのお母さんが私を呼ぶんです、「熊丸先生」「熊丸先生」と遠くのほうから、自分が来ないで。私が行ったのです、若い方には気を遣いますから。

「なあに」と言ったんです。「先生、うちのお姉ちゃんが、先生の言ったとおり聞いたわよ」と。「そうでしょう、あなた、何て答えたの」と言ったら、「先生が言ったとおり答えたのよ」と言うから、「そう」と言ったら、「おむつを洗っていたら、『母さん、赤ちゃんのウンコは汚くないの』と言うのから、何であなたたちのウンコが汚いものか」と、そのお母さんが答えたのですって。

そうしたらそのお姉ちゃんが次に違うことを聞いたんだそうです。「じゃあ、ばあちゃんのは?」って。お母さんは一瞬、どうしよう、うそを言ってもいけないし、本当のことを言ってもいけないし。で、「ちょっと、汚い」と言ったんですって。そうしたら、「ふーん」とお姉ちゃんは言ったらしいのです。この話を聞いて、吹き出してしまいましたが……。でも、上の子は下の子を通して、〈自分もこうやって見てもらっていたんだな。こうやって、おむつを洗ってもらっていたんだなあ!〉と親の愛情をきっと感じ取っていきます。

私は本当に無駄なことは何一つないのだと、子どもたちを見て、お母さんを見て思うのです。

第一子のお母さんは背後霊?

私はこの夏に、ある園の「親子遊び」に呼ばれて、子どもたちと一緒に遊んだのですが、その時の子どもたちは順調でした。

子どもというのは、広いところに〝放す〟、いえいえ放すじゃありませんね、〝遊ばせる〟

と、園庭でもホールでも、まず時計と反対回りにスピードを出して走るのを知っていますか。次に、また逆方向になって、高いところがあると登ります。登ったら、飛び降ります。本当に子どもというのは、チョロチョロ、チョロチョロと仕事をやっていますから。

遊んだ時に私はすぐわかります。このお母さんの子は第一子なんだわ。このお母さんの子は第二子かな。この子は第三子かしら。本当によくわかります、幼児のあの時期には。なぜかというと、第一子の時は、すごく心配ではありませんでしたか。幼稚園に入っても心配。小学校に上がっても心配。中学校に行っても心配。高校に行っても心配。結婚しても心配です。ところが第三子は、安心してください。アッという間に高校生だから。

第一子はなぜ心配かというと、お母さんも1年生だからです。不安で、不安でしかたがない。でも、下の子になるにしたがって、「大丈夫、小学校になればこうなのだ。中学校になれば、こうなのだ」と目安があるからわかります。でも、第一子の時にはわからない。だから心配です。たとえば、保健所へ健診に行っても、ほかの子と比べませんでしたか。よかった、一緒、一緒と言って。

それから、第一子と第三子では寝かせ方も違いますよね。第一子の時は、やっと寝たと思うと電話がなった。どうしますか。さっと取りますね。戸もそっと閉めて、歩く時もそうっと歩きませんでしたか。テレビの音も小さくしませんでしたか。ところが第三子はどんな状態ですか。寝ている横で掃除機をかけても平気です。それからミルクの溶き方も全然違いますよね。第一子の時は熱湯消毒して、何度も自分が味見をして子どもに飲ませま

せんでしたか。ところが第三子は、哺乳瓶が転がっていても平気ですものね。あの違いはすごいですね。
この前もいました。お姉ちゃんにお母さんが、「哺乳瓶を持ってらっしゃい」と言ったら、「ハーイ」と取りにいったお姉ちゃんが聞くんです。「ママ、ふたが開いている」。そのお母さんは、「よか、よか」と言って。よかよかと言ったってずーっと放っぽってるのですから、ほこりが付いていますよね。お母さんはどうするのかと思ったら、そのお母さんは洗うでもなく、拭くでもなく、自分が二口吸って、ひゅっ、ひゅっと、これで終わりでした。もう、これで終わってしまうわけです。これほど違います。

私はいま小学校、中学校、高校の授業で講演をします。小学校1年生の授業参観では90%当たります。親の様子を見たら、あっ、この親第一子ね。あっ、この親第二子ね、もう並ぶ位置でわかります。第一子は大体前列に並んでいます。第二子うしろ側、第三子壁側。兄弟の多いかたは、もう入り口近くですぐいなくなるんですよ。子どもたちはお母さんを見て、手を振るんですよね、手を振ってもらった経験ありません？　あれ、なんで子どもが手を振るかわかりますか？　私、わかりますよ。手を振りたくなるんでしょうね。だってうしろに立っている親は、朝見たことない親が立っているのですから。朝、自分を送り出した親はノーメイクで髪ふりみだし、目が吊りあがってパジャマの上にエプロンをかけてたその親が、見たことのない笑顔できれいにして立っている。そりゃあ手を振りたくなりますよね。わかります、子どもの気持ち。

手の振り方も違いますね。第三子の親は軽いんですよ、振り方が。そして、振ったらすぐいなくなるんですよ、上の兄ちゃんが気になるから。家に帰ったら子どもが聞くんですよ「かーさん、いなくなったろう」「手を振ったろうがね」これでいいわけです。

第一子は違いますよね、手の振り方が。気がつきません？　こういった会場は違うんです。授業参観の状態とここは逆なんですね。

若いお母さんのお話の聞き方と、ある程度人生豊かに生きてこられた方の聞き方は違いますよ。まだ人生を短く生きている方は、私が何を言いましても小刻みにうなずくのです。豊かに生きてきた方は、私がひとこと言いますと五倍はまあうなずきが深いです。ときどき耳をすませてください。声がもれてますから。「オーッ」こうなると人生豊か、若いお母さん、まだまだ、頑張りましょうね。

ところが授業参観は逆なんですよ。第三子のお母さんは聞き方が小刻みなんです。授業で先生が「ここはこうです」と話している。うしろの方で小刻みにふ〜んとうなずいて「教え方悪いよね、あれじゃ解らんよね」って言ってる。第一子のお母さんは、先生が「ここはこうだよ、わかるかなあ」と子どもに言っているのに、お母さんの方が大きく「ハイ」とうなずき、返事をする。第一子の時はわが子だけを見ています。第三子は「あら、みんな一緒だわ」とクラス全体を見ています。余裕ですね。

だから、子どもがチョロチョロしている時期は、もっとよくわかります。お母さんは第一子の時は、本当に頑張ってしまうのです。子どもが行くとおり、行くのです。人をたたいてはいけない。かみついてはいけない。ものを壊してはいけない。トラブルをおこしてはいけない。だからもう、管理をしたいわけです。子どもを目の届くところに置いて、そして、何かやったらすぐ謝りたい。第一子のお母さんは、もう背後霊のように子どもに付きまといます。

首から上でしつけができる⁉

第二子、第三子のお母さん方は「子育ての力」をもう持っていますから、なかなか動かないのです。動かなくても子どもを制する力を持っているのです。

子どもは、こうなんです。「あっ。母さん、おばちゃんと話してる、チャンス」「あっ、僕、いま仕事。走る」、「おっ、高いところがある。僕、登る」。「腰の力、しっかりと鍛えなきゃあ。さあ仕事」と。子どもはせっせと仕事をやります。

あれは悪さをしていると思うでしょう。いいえ、子どもの仕事ですから、走るのも、登るのも、飛び降りるのも。でも、いけないことをしたら、いけないと言えばいいのです。あの時期の子たちは、しないでいいことしかしませんから、わかりやすいです。「しなさんな！」と言っても、するのですから。だからこそ、何度も何度もくり返し教え、伝えていくしかないのです。

子どもって面白いのです。みなさんはよく、遊びの教室とかの大きなイベントなど、お子さんを連れてくる時に、脅して連れてきませんでしたか。「お利口《りこう》さんしとくんよ、いいね、絶対、騒がんのよ」とか。「いい、泣かんのよ」「いいね、ウロウロだめよ」と。子どもは「ハーイ」と言います。でもウロウロしないわけがない、子どもの仕事なのだから。

ところが、こんなことは全部忘れてしまって、仕事を始めます。子どもは、広いところがあれば仕事を始める。「朝行く時にママから、お利口さんにしとけと言われている」「そうか、お利口さんにしとかなきゃあ、いけないのか。でも、僕、仕事だから、僕、頑張らなきゃ」「ママが、ずっとよそのおばちゃんと話しているといいな」と思いながら、ちらちら親を見るわけです。

お母さんは横の方とベチャベチャとしゃべっていても、わが子が自分を見たらわかるんです。あれは、なぜですか。どんなにしゃべっていても、わが子が見ているとわかってしまう。

第二子、第三子のお母さん方は、すごいですね。遊びの会場に来ると自分の居場所を確保し、絶対に動かない。それに、どうしてでしょうか、ここ（首）から下を使わない、ここ（顔）しか。子どもが高い所に登っていると、みなさんはどうしますか。第一子のお母さんはすぐに子どもの所に行くのだけれども、第二子、第三子になると、もう首から下は使わないで、顔だけで。子どもと目が合うとどうしますか。目だけでダメの合図をします。子どもは、「あっ、ママ、あんな顔したって、ここまで来ない大丈夫。僕、続行」とチョロチョロ続けます。そうすると、親は、イライラします。

みなさんは次にどういう手を使いますか。子どもに向かって音で威嚇《いかく》しませんか。手をたたいて脅したり。「あんなことしたって、ママ、こっちに来ないもん。僕、続行」。段々イライラしてきませんか。

それでみなさんは、必ず、子どもに向かって暗示をかけるのです。少し離れた所から、何て言うかというと、〈落ちるよ、〇〇ちゃん、落ちる。絶対、落ちる。絶対、落ちるよ〉。子どもというのは、本当に、ドテッと落ちます。そのあと、親は何と言いますか。「ほら、見てごらん！」。

ドアなんかを子どもが触っていると、〈挟《はさ》むよ。〇〇ちゃん、絶対挟むからね。母さん怒るよ。知らんよ。挟むよ〉。そうしたら本当に挟むのです。子どもは痛いから、「ママ、痛かったよ」と走ってきます。横のお母さんが、「大丈夫？　〇〇ちゃん痛そうよ」と言うと、お母さんは「いっつも、ああなのよ、頭にくる」とか言って。

そばに来て「ママ、痛い。ママ、痛い。痛い」と言う。お母さんは、痛かったねと言いたいわけでしょう。言いたいのだけれども、イライラしているから言えないのです。

そのイライラを抑えるために、みなさんはどう対応しますか。子どもに向かって、過去のことを持ち出しませんか。「あんた、この前もそうやったろう。あんときも、そうやった。母さん、覚えているんだからね」。子どもは〈母さん、過去のことはどうでもいいから、現実の僕を見て〉と言いたいのです。

次に、こうです。泣く声がイヤ。だからみなさんは、子どもに数で脅しませんか。「いい、10数えるあいだに、泣きやむのよ。10よ、いい！」でも数え方が早いのです。まだ泣いている。ああいう時は、できるだけゆっくり数えてあげてくださいね。

それからもっとすごいのは、子どもがギャアギャア言う場をすぐになくしたいから、

「飛ばす」お母さんが多いですね。「痛いの、痛いの飛んだ！」痛いのは飛びませんね。

一番すごいのは、私は本当に吹き出すのだけれども、どこの会場でもこんなお母さんが必ずいます。順調ですね。このお母さんは、子どもが「いたーい、痛い。痛い」と訴えているのに、子どもに向かって、「痛くない、痛くない！」と言うんです。痛いんです、あれは。痛いから泣いているのだと、私は思うのです。

子どもたちは、痛いという痛みを取ってほしいのではない。痛いという思いを受けてほしいのだと思います。「痛かったね、痛かったね。でも、あれは危ないからやってはダメよ、つらかったね」と。

ケンちゃんにたたかれたと、泣いてくると、「メソメソ泣かないでやり返しておいで」と、つい言いたくなります。でも、こんな言葉を子どもは期待しているのではありません。「たたくケンちゃんは、いかん。でも、あんたが黙っておもちゃを取ったから、リンちゃんはたたいた。今度は『貸して』って言おうね。『ごめんね』って言おうね。『ありがとう』を言おうね」と、次のことを教えていくのです。

たとえば、お子さんがお友だちにかみついたら、それだってお母さんは、「まあ、今日の歯型はいいね」とは言わないでしょう。かみついたら、かみついてはいけないと教えます。人のものを取るから、取ってはいけないと教えます。

子どもが遅くまで起きていると、「早く寝なさい」と、みなさんは言います。成長ホルモンというのは、夜寝ている時に出てくるのだということを、みなさんは知っていますよね。それをみなさんは、脅しながら自分の言葉で子どもに言いませんか。「いいね、あんた。遅くまで起きとったらね、大きくならんのよ。小さくなるよ」とか。「寝ている時に、ドンドン大きくなるのだから、いっぱい寝たら、いっぱい大きくなるのよ」と、お母さんは言います。このことがわかっていれば、そういう言葉で言います。ところが、子どもが寝ない。それでも脅しながら、伝えながら、寝るということが大事なのだということを、いろいろなかたちで教え、伝えていきます。

子どもたちは、してはいけないことをやりますから、「だから、ダメなんだ、こうなんだ」ということをていねいに伝えていくしかないのです。

おじいちゃん、おばあちゃんのステキな無責任さ

ゼロ歳、1歳は人間の基礎をつくります。ですから、この時期にどれだけの人にかかわってもらったかで、子どもの育ちは違います。

いまの子は笑わない、笑顔がない。いまの子は、感性が貧弱だなどということを、よく耳にします。笑顔をもらっていないのですから、あたりまえです。いまの子たちは、挨拶をしない。あたりまえです、挨拶をもらっていないのですから。いまの子たちは、何でも食べないよね。いいえ、食のことを伝えていませんから。いまの子どもたちは、命の大切

さを知らない。あたりまえです。命のことを伝えていません。

昔はわざわざ伝えていなくても、家庭の中で命の誕生と、命の終わりがありました。昔は、家の中で子どもを産みました。そうすると上のお兄ちゃん、お姉ちゃんや、家族が必死になってお母さんのことを思いやり、みんなで見守りながら、心配しながら、赤ちゃんの誕生を待ちます。お兄ちゃんやお姉ちゃんは、「お母さんは、あんなふうにして僕たちを産んでくれたんだ」と思います。性教育が家の中にありましたから、その中で命の誕生のたいへんさや素晴らしさを感じ取っていきました。

亡くなっていく時も、そうでした。家の中でおじいちゃんやおばあちゃんが亡くなっていった。おばあちゃんとお母さんは、あんなにケンカをしていたのに、おばあちゃんが病気をしたら、お母さんはあんなに優しくなって、おばあちゃんが亡くなったら、みんなであんなに悲しんだ。命が亡くなるとは、こういうことなんだ。

こんなふうに、家の中で誕生と終わりがありました。いまは、病院に行けば、もう赤ちゃんはきれいになってベッドにいる。それから、病院に行けば、おばあちゃんはもう、きれいにしてもらってベッドに寝ている。こういうことも、私はやはり、手間ひまをかけるということがなくなってきたのだというふうに思います。

「じゃあ、いまからでもそうすればいいの？」。いいえ、もう時代が違います。それでも違う方法で、子どもたちにいろいろなことを伝える方法が私はあると思っています。それは、みなさんができることを、できるところから、いまやっていくしかないのだということを、またあとでお話ししたいと思います。

いまの子どもたちは命の大切さを知らないなど、いろいろ耳にしますが、伝えてもらっていないものは子どもたちは出せないのだと私は思うのです。私は、子どもたちは、「オギャア」と生まれたその瞬間に、身体のなかに空っぽのタンクをたくさん持って生まれてきたような気がするのです。そして、生まれたその瞬間から、まわりのおとなたちや、かかわる人から、笑顔や優しさをもらい、その笑顔や優しさをタンクに溜めていく。そしてタンクがいっぱいになると、やがてそれを出していくのだろうと思います。溜まっていないものは出せないのだろうと思います。

食べることがどんなに大事なのかということを、小さい時から伝えてもらっていれば、子どもたちはちゃんと、それを入れていきます。しつけと言われればそうかもしれないけれども、私は、しつけというのは親だけでやるものではないと思っているのです。このゼロ歳、1歳の時期に、どれだけの人にかかわってもらったかで全然違います。いま、みなさんの中で、おじいちゃん、おばあちゃんと一緒に暮らしていらっしゃる方は？（会場に問う）ご自分のほうの？　夫のほうの？　「そうご苦労さま」。

この嫁、しゅうとの問題は、私は一生の課題だと思っています。どんなに立派な嫁、しゅうと・しゅうとめであっても、しっかり理解できることは、なかなかないと思っています。一緒に暮らすことによってわかり合っていく。これを私は、「嫁、しゅうとめのロマン」と呼んでいるのだけれども。おじいちゃん、おばあちゃんの存在、地域のおじちゃん、おばちゃん、隣にいるお母さんの存在は、子どもたちにとっては、お金で買えない財産ではないかなと思っています。

おばあちゃんというのは本当に、何でもかんでも許すでしょう。本当に頭にくることがありませんか。たとえば、今日のように、講演を聞いたとします。講師が、「子どもには甘いものは控えましょう。食事が取れなくなるから。しっかりご飯を食べるためには、間食をあまりしない。甘いものをやめましょうね」と話したとします。みなさんはそれを頭に入れて家に帰った。子どもが「母さん、何かちょうだい」。「ダメ。甘いものダメ。ご飯の前だから、ダメ」と言います。だって、親は責任があるから。だから、「ダメ、ダメ」と言うしかないのです。

ところが、ばあちゃんはどうしますか。お母さんが、「ダメ、ダメ」と言ったら、ばあちゃんが自分の部屋に呼びませんか。「ホラ、食べれ」とおやつを出す。どうして、ばあちゃんはこんなに優しいのだろう。どうして、こんなに穏やかなのだろう。どうして、こんなに許せるのだろう。

私はこういうふうに思います。隣にいるおじちゃん、おばちゃん、おじいちゃん、おばあちゃんは、お金で買えない財産。そして、なぜこんなに優しさが出るのか。私はこれは、いい意味での、ステキな意味での無責任さがあるからではないかなと思うのです。これが、優しさに変わる。これが大事だと思うのです。

たとえばお母さんが、「ガアッ」と叱ると、隣のお母さんが、こっちのお母さんのお子さんに言いませんか。「いいわよ、この時期はこれぐらい悪いほうが」と。隣の子だから言えるのです。ところが自分の子が同じようにすると、「あんた、何してるの」と言いたくなるでしょう。だから、この優しさというのは、とても大事だと私は思っています。

また、子どもは、お母さんに叱られると、サッとおばあちゃんのところに行きます。おばあちゃんはこう言います。「また母さんに叱られたの？　そりゃあんたがいけないことしたからよ。母さんは、あんたが好き、だから叱ったのよ。もう泣かなくていいから、母さんにゴメンネと謝っておいで。ばあちゃんも一緒に行くから」。

こうやって子どもは、おばあちゃんから支えられ、言い聞かせてもらう。本当に子どもにとっては財産ですね。

子どもはおとなの真似をして育つ

このゼロ歳から1歳というのが人間の基礎をつくる時期であれば、じゃあ、いまみなさんが子育てをしているこの子たち（2～5歳児）は、どういう時期でしょう？　価値観をつくり上げている時期だと言われています。この時期、善い、悪いを判断し、人間の基礎をつくります。

この価値観をつくり上げる2歳から9歳ごろのこの時期には、一つの目安があるのをご存じですか。価値観をつくり上げる時、子どもたちは身近にいる一番信頼している人の真似をするということです。真似をしながら学ぶということなのです。

ですから、女のお子さんをお持ちの方は、誰かに、そっくりではありませんか。たとえば、お父さんに命令する言い方とか、下の子を怒る言い方とか、兄ちゃんに指図をする言い方が。ときどき、ハッとして、「あんた、何ていう激しい言い方をするの、もうイヤね」と言ったら、夫が「おまえとおんなじだよ」……と、ちょっとショックですが。だけどこれでいいのです。子どもたちは、どんなにみなさんが取り繕っても、全部真似をしますから、すごいです。

幼稚園や保育園に行けば、担任の先生が自分にとっては一番信頼できる人です。ですから、クラスの先生の真似をする、クラスの雰囲気が先生に似てきます。驚くほど似ていませんか。

私は長年幼稚園教諭をやっていました。どういうわけか園長が、よく私に言っていました。「先生のクラスは、がさつやね」と。私も若かりしころは気が付かなかったのです、何で、がさつなのだろうと。それは、がさつな子たちが集まってきたからだと思っていました。ところが違うのです。私は幼稚園教諭をやったあとフリーになりまして、いろんな幼稚園や保育園のクラスを見て歩くようになってわかったのです。子どもたちは１００パーセント、先生を信頼していますから、その先生のとおりのことをやります。言い方から、しぐさから、すべてです。

お泊まり保育なんかに行くと、子どもたちは親のとおりをやります。面白いです。お泊まり保育に行って、服を脱いで片付けをするでしょう。脱いだ服を放ってあるうち。丸めるうち。たたむうち。セミの抜け殻のうち。いろいろあります。あっていいのです。

今度は、私というおとながそこにいて、子どもに言います。「脱いだものは、こうやってたたんで頭の上に置いておくの。そうすると、次の朝、起きた時に便利でしょう」と。いろいろなおとなたちが、いろいろなかたちで子どもたちに伝えていくのです。

本当に子どもというのはすごいと思いました。私が年長クラスをもっていた時です。隣のクラスの私の同僚なのですが、子どもたちに怒鳴っているのです。「前にならえは真っすぐでしょう」と言って。運動会の練習をしている時に「前にならえは真っすぐよ。何回言ったらわかるの」と言っているわけ。隣のクラスがあんまり「ギャアギャア」言っているので、どういうトラブルがあったのだろうと思ってふっと見たのです。そうしたら、そのクラスの子たちは本当に、前にならえを真っすぐにしていないのです、全員が腕を斜めに上げているのです。私は、その子たちに拍手を送りました。彼女は妊娠していたんです。体格がよかったので、子どもから見たら、前にならえが、斜め上にならえのように見えたのです。それで、みんながそのとおりにやっているわけです。

私は彼女に言いました。あなたのクラスの子たちは、ステキね。あなたを１００パーセント信頼している。だから、あなたの真似をしているのよ。あなた、鏡を見てごらんと言ったら、彼女は見たのです「あら、ほんとだわ」と。何ともほほえましいですね。

あるいは、子どもたちがテーブルを拭いているでしょう。先生が何も言わないで、子どもたちに台ふきを持たせて拭かせると、お母さんがやっているとおりに拭くのです。家でお母さんが丸く拭いていれば、丸く拭きます。几帳面に拭いていれば、子どもはちゃんと、几帳面に。そう、ここなのです。生活のリズムというのは、真似をしながら学んでいくのです。私はそう思っています。

親たちや、おとなたちがやるとおりを子どもが真似しているのです。だから、いまの子どもたちが早寝早起きができないのは、おとなたちの真似をしているからではないかなと私は思っています。

この真似をしながら学ぶ時期の話をすると、本当に面白いのです。さっき、先生の雰囲気がそのクラスの雰囲気になると言いましたでしょう。みなさんの園がどうかはわかりませんけれども、私の知っている園ではそうだったのです。

がさつなクラスは、何となく先生も「がさつさ」をお持ちです。それから明るいクラスは、先生が明るいのです。落ち着きのないクラスは、先生も何かこう、落ち着きがありません。ちょっと落ち着いて暗めのクラスは、先生も落ち着きがあって暗めです。では、このクラスがよくて、このクラスが悪いのか。いいえ。いろいろな先生、教師集団が子どもたちには必要なのです。

みなさん、考えてください。たとえば、園全体が私のように落ち着きがない先生ばっかりだったらどうしますか。園全体、収拾がつきません。だから、あいだ、あいだにやはり、落ち着いた暗めの先生も必要だと私は思います。いろいろな先生が、いろいろなかたちで子どもたちにかかわっていく。このことが大切なのだと思います。

だから親たちもそうです。おじちゃん、おばちゃん。おじいちゃん、おばあちゃん、いろいろな人が子どもたちにかかわって、伝えていくことが大事なのだと思います。

お母さん方は、子どもたちが園に行きますと、家庭での10大ニュースを園で発表しているのを知っていますか。親が隠していても、全部、先生方はご存じなのです。本当に面白いですよ。子どもたちが朝、園に親と来ます。お母さんが「先生、よろしくお願いします」「はい、お預かりしますね。じゃあ、行こうね」と子どもと手をつないで教室まで行く時、子どもは一応、親に義理を立てますから、お母さんの姿が見えなくなると同時に10大ニュースを私に報告します。

「先生、ママとパパ、けんかした」「そうなの」。「ママ、泣いた」「何で」。知っていることを、全部しゃべります。それで午後お母さんがお迎えに来られます。「先生、ありがとうございました」。親の顔を見ると、もう私は、ここのところ（表情）に出そうになるわけです、〈本当に、お母さんたいへんでしたね〉と。でも、言いたくても言えないわけです。

笑顔で「行ってらっしゃい！」

そして園に来ると、子どもたちは、本当にみなさんのとおりを再現するのです。ちなみに私が幼稚園教諭をやっている時、熊丸先生ごっこというのがブームだったのです。面白かったのですが、3パターンしかないのです。私に扮する子どもが、「みなさーん」と言って子どもたちを集めるのです。そうしたら、みんなが集まって来るので、その子がオルガンをパアッと弾いて、拍手しながら最後にひとこと「上手、上手!」。これです、私がこうだったのです。これが1カ月ばかり続いて、パタッと終わりました。

私は、ごっこ遊びの研究をずっとやっていました。この時に私は、普段みなさんが何げなくやっている、言っていることのすべてが子どもに入っていくのだな。子どもは真似をしながら学んでいって、そして生活のリズムをすべて真似から学んでいくのだというのを、子どもたちのごっこ遊びを見ながら学びました。

それはどういうことかというと、みなさんのとおりを演じるからです、面白いです。今でも私の手許にその時の記録ノートが残っています。その年長の子どもたちのままごと遊びは最高に面白かったのです。

そのクラスのリーダーの子がお母さん役になっていました。その子のお母さんも、たまたまクラスを仕切っていました。その子の好きな子がいつもお父さん役なのです。それから、自分の家族構成で募集するわけです。そのころテッちゃんという、クラスで一番大きかった子がいたのですが、その子がなぜか、いつも赤ちゃんなのです。だから異様なのですよね。お母さんやお父さんよりも、赤ちゃんが一番大きいのですから。そしてその子が、

「バブ、バブ」「バブ、バブ」と言うのです。なんともかわいかったですね。

そうしたら、お母さん役の子がすごいのです。お母さんが朝、したとおりをやっていました。草をポーンと、ネギか何かのつもりなのでしょう。おもちゃのまな板の上で、刻んでいます。お母さんが朝ご飯をつくっているのねと思って見ていました。その子は次にどうしたのか。私はその子のその動作が何を表現しているのかわからなくて、若い職員と一緒に見ていましたから、「ねえ、あの子、何やっているの」と聞いたら、その職員は私に言うのです。「あのうちは、タオルではなくて、ここ（腰）で手を拭くんですよ」。ああ、そうなのか。それで手を腰にこすりつけているのかと。

そして、もうびっくりしたのは、親というのはよくぞこの短時間に、あれだけのことが言えると思いました。すごかったです。「早く食べなさい。よーくかみなさい。こぼしなさんな。残しなさんな。ほら、時間になる。遅刻する」、迫力満点です。すごいです。子ども役の子に、お母さん役の子が早口で全部言っています。でも、どういう状況であっても、この家は朝ご飯を食べていますから、私はいいかなと思いました。

それからもう一つ、私はこのお母さんがステキだなと思ったのは、子どもたちやお父さんが出かけていく時に、笑顔で「行ってらっしゃい」と、手を振って送り出していました。これでオーケーと思いました。

子どもたちは修羅場をくぐって園に行くわけです。朝、幸せな思いのまま出かけて行くわけではないのです。親に「ギャアギャア」と叱られながらも園に来る。でも園の玄関で

お母さんに「行ってらっしゃい」と言われる。この時にお母さんが笑顔で手を振ると、子どもはすっきりです。もう、これだけですっきり。園では先生方が「待っていたよ」。これでもう、子どもは幸せ。笑顔というのは、こういう力があります。

いつもこうありたいのだけれども、なかなかできないのです。

私は朝、犬を連れて散歩をするのです。夏場なんかは暑いから、どこの家も窓が開いているでしょう。各家庭から、修羅場が聞こえてくるのです。小学生になると、お母さん方はもっとすごいですね。「急ぎなさい。早くしなさい。遅刻する。給食の袋、持ったわね。遅刻よ」、もうまくしたてているわけです。すごいです。

うちの近くの男の子が面白かった。そこのお母さんが叫んだわけです。「急ぎなさい。遅刻する。急ぎなさい。遅刻する！」「早く出てきなさい！」と。そうしたら、その男の子は、「まだ、出ない」とか言っているわけです。「そのへんでいいから、切ってらっしゃい」。どうもウンコだったみたいです。

私は、この子がどういう状態で学校に行くかを見たかったのです。お母さんも子どもも順調かどうか、本当に最後まで見届けたかったのです。この会話を聞いていると、お母さんも子どももお互いに順調ですね。親はギャアギャア、子どもはのんびり。

その子どもが出かける様子を見た時に、本当にバランスがとれていると思いました。お母さんは、相変わらず「ガアッ」と言っているのです。子どもはすごいです。反比例で、親が言えば言うほど、子どもはゆっくり行きます。いつ学校に着くかわからないような状態で。親も頭にくるでしょう、「早く行きなさい」と言って、ピシャッと戸を閉めました。終わりかなと思ったら違いました。そのお母さんは、急いでベランダまでかけ上がって行って、子どもの背中に向けて「早く行きなさい」と叫んでいました。子どもは平気な顔して、ゆっくりと学校へ行きました。それでもいいではないですか。お母さんは声をかけ、かかわっていますから。

「今日は1本だけよ!」

この幼稚園のままごと遊びのお母さんはステキでした。笑顔で「行ってらっしゃい」と言ってましたから。お父さんも自分のお父さんを演じましたから、アタッシュケースではありません、リュックをしょって会社に行きました。「行ってきます」。でもすごいのです。お父さんは、すぐ帰ってくるのです、実生活では困るのだけれども。帰ってくると、すぐに晩ご飯です。

私は思いました。こういう普段の生活のなかで子どもたちは、自分が愛されているかどうか、何が大事で、何が悪いのかということを、みなさんの何げない言葉のなかから感じ取っていくのだなということを、そのままごと遊びの一場面を見ただけでもわかりました。

お母さん役になった子は、子ども役の子どもたちにこういうふうに言っていました。

「たくさん、食べるのよ。たくさん食べたら大きくなるのよ」。自分が言われて、うれしかったのでしょう。それから、こんなことも。「これを食べたらね、お肌、ツルツル」。「これを食べたら、髪の毛、フサフサ」。そうしたらさっきの若い職員が私に言いました。いつも要らないことを言う職員なのだけれども、「先生、お父さん、髪の毛無いんですかね」と。

そしてもっとすごかったのは、そのお母さん役になった子はここまで見ているのですね、ジュースの空き缶をパーッと持ってきて、お父さんの前にポンと置いたのです。それまでは、ニコニコ顔だったのに、ジュースの空き缶を置いた途端に、キリッとした真顔になって、お父さんにこう言ったのです。「今日は1本だけよ!」。これは、ビールなんでしょうね。ビールがいいとか悪いとか言っているのではなくて、子どもたちはここまで見ていますよということです。

子どもに何をどう学ばせていくか

ですから私は、子どもたちに、いろいろなことを伝えていくためには、何をどう学ばせていくことが大切かということを考えます。おじいちゃん、おばあちゃんと一緒に暮らしている方は生活のリズムができます。正月も関係なく、朝は7時にご飯を食べます。寝る時も、ばあちゃんに似て早いです。ですから生活リズムが、ばあちゃん、じいちゃんのおかげでしっかりとできてくるのです。こういう点でも、私は、おじいちゃん、おばあちゃんはすごいなと思います。

この寝る、起きるということだけをとっても、いま、たとえばコンビニが24時間開いている。ファミリーレストランがあちこちあります。そこへ行きますと、夜遅くても子どもを連れて食べにきている若い夫婦がいます。私は、あまりよくないと思うのです。でも、もしかしたら、お父さんが会社から遅く帰ってきて、おなかがすいたから外へ食べに行こう。子どもを一人で置いて行けないから連れてきたのかもしれない。しかし、この時期はこういう遅い時間に連れて来てはいけないのではないかなと思っています(でも、いろいろな事情があるからしかたがないのかな)。子どもの生活リズムをつくるのは、いまの社会事情ではたいへんです。それでも早寝・早起きは、子どもたちの生活の土台をつくる大切なことですね。

子どもたちは真似をしながら学び、自分自身の成長の階段を登りながら大きくなるのですが、食のこと、生活のリズムのことだけではなく、子どもたちはすべてのことに土台をつくっていく時期です。この時期は、みなさんのお子さんもそうなのですが、親からもらっていないものは、もらいにきます。

みなさんのお子さんはいま、一段一段と階段を上って大きくなっています。ところが、この階段を順番に踏んでいない子たちは、必ず下りてくるのだということです。これは、いろいろなことでわかります。

たとえば、こうです。お母さんが下の子におっぱいを飲ませていると、上の子はまとわり付きます。いままでできたことができなくなります。駄々をこねます。悪さをします。手が掛からなかったのが、掛かるようになる。この時にお母さんはびっくりします。

でも、子どもたちは無駄なことをしていませんから、こう言っているのです。「母さん、ごめん。僕が2段目に来た時、下が生まれたよ。母さんが僕に、兄ちゃんだから頑張れと言った。僕は頑張ったよ。いま、僕は5段目。今度、僕は6段目に行く。でも、6段目に行けない。なぜかというと、僕の身体のタンクのなかに、好き、好きが足りない。べたべたが足りない。僕は、もう一回下りるね、母さん。これをもらわなければ、次に行けないからね」。こうやって、子どもたちは信頼している親には、身体全体で訴えてくれます。

この前私は、ある保育園で講演しました。一番前のお母さんが赤ちゃんにおっぱいを飲ませていたのです。そこに3歳の子がパッと入ってきて、そのお母さんにこう言うのです。「おっぱい、おっぱい、おっぱい」と、講演中に。そのお母さんもすごいです。「おっぱいなんかない」と言っているのです。私はお母さんに、「あるじゃない、あげていいのよ」と言ったら、「え、先生、いいんですか。3歳にもなって」。「いいから、やってごらん」。「はい」と、そのお母さんは素直で、赤ちゃんにおっぱいを飲ませながら、その3歳の子にもポロッと出してやったのです。3歳の男の子が一口飲んで、お母さんにこう言ったのです。「まじイ!」。

そうしたら、そのお母さんはすごかったです。その子をギュッと抱いて「あんたも、小さい時はこうやっておっぱい飲んでたよ。母さん、うれしいよ。大きくなって、うれしいよ」と、その子はお母さんにそう言ってもらった、たったそのひとことで、ニコッと笑って出ていきました。

子どもたちは、もらってないものはもらいにきます。下の子におっぱいを飲ませていると、上の子がまとわり付く。上の子は、身体をとおしてこう言いたいのです。「母さん、僕のこと、忘れないで。僕だってほんとはね、下がいなかったら、もっとべたべたしたかったんだよ。もっと好き、好きしたかったんだ。でも僕、下がいたから我慢した。でも僕の身体のタンクの中に、好き、好きが足りないよ。べたべたが足りないよ。伝えてもらう量が足りないよ。だから僕は、母さんごめん。煩わしさを出すね」。

子どもたちは煩わしさを出しながら、自分の踏んでいない成長の階段を踏みに帰ってくるのだろうと思います。これが赤ちゃんがえりですね。信頼している親には、赤ちゃんがえりという方法でサインを出していく。子どもって本当にステキですね。

「先生、見て。母さん、僕のこと好きなんだよ！」

私はいま、いろいろな子どもたちとかかわっていますが、成長の階段を小学生で帰ってきた子、中学生で帰ってきた子、高校生で帰ってきた子がいます。20歳で帰ってきた子もいます。

いま大学2年の男の子は、小学校1年生で成長の階段を下りてきました。この子が一番わかりやすかった。

彼が2歳の時に下の子が生まれたのです。下が病弱だったから、お母さんがずっと下の子を見ていてたいへんだから、おばあちゃんが上の子を見ていたのです。おばあちゃんはよく私に、「先生、うちのこの子はね、ほんと手が掛からなくていい子だよ」と言っていたのです。本当に、チョロチョロもしなければ、悪さもしないし、煩わしさも出さない子でした。私は、〈早くこの子は出せばいいのにな。チョロチョロを、いましないで、いつするのよ〉と思っていたのです。彼は、小学校1年でちゃんと下りてきました。

この幼児期に、チョロチョロを出せない子たちは、しっかりそれを小学校に持っていくのです。小学校でも出せない子たちは、そのまま中学校に持っていくのです。中学校でも出せない子たちは、高校に持っていくのです。高校でも出せない子たちは、いま、おとなになって出している。いまの子どもたちを見ていてそう思います。

これは、チョロチョロだけではない。この時期にやらなくてはいけないことをやっていない子たちは、ちゃんと次に持っていっています。いま問題になっている学級崩壊は、いろいろな問題、原因がありますが、その基礎には、子どもたちがその時期にやるべきことをやっていない。見てもらう時に見てもらっていない。きめ細かくかかわってもらっていない。大切に育てられていないのだということを、私はいま感じるのです。高校生や中学生の子どもたちを見ていてもそう感じます。

その男の子は、こうでした。ずっと手を掛けなかった、煩わしさを親に出さなかったのだけれども、小学校1年生になった時に、本当にすごい状態になりました。家で暴れて、しゃべらなくなって、もう、ありとあらゆることをしだして、お母さんがパニックになったのですね。それで、うちのピアノ教室にその子を通わせたいということで電話がありました。いまでも忘れません。その子は、教室に来た初日にこうなんです。「おいで、ピアノ、やろうね」「死んでも弾くか！」。カワイイでしょう。「入りなさい」「嫌だ」。本当にカワイイんです。この子は全身で親に訴えたかったのです。「見てね」「見てね」というのを。そのことに私は気がつきました。

どうしたかというと、ピアノの日にお母さんが下の子を連れて迎えにくると、その子は暴れるのです。お母さんは気がついていないから、私はお母さんに、「お母さんこの子ね、階段を下りにきたから、来週は、悪いけど下の子を置いてきて、お母さん一人で迎えに来てね」と言ったら、お母さんは「はい、わかりました」と次から一人で迎えにきました。

いまでも忘れません。お母さんが迎えにきた時に、その子はお母さんに「母さん、だっこ」と言ったのです。その子は第一子でしょう。第一子だから、お母さんが「自分で歩きましょう。だっこなんかおかしいでしょう、1年生なんだから。熊丸先生に笑われる。しっかり歩きなさい」と言ったんです。

私は、「笑わないよ、お母さん、だっこしてやって」と言ったら、お母さんは「そうですか」と、その子をだっこしたんです。その子は大きくて、お母さんは小さいんです。足が着くのです。それで、「先生、足が着く」と言うから、「じゃあさ、おんぶしたら」と言って、おんぶに切り替えたんです。重いでしょう、お母さんは下を向きながら、ずっとおんぶして帰って行きました。

そうしたら、その男の子、本当にかわいかったですよ。ふり返って私に手を振るのです、いい笑顔で。私は安心しました。私に、こう言いたかったんです。「先生、見て。母さん、僕のこと好きなんだよ。弟とおんなじようにおんぶしてくれているよ。先生、見て。先生、見て」と。

いろんな人が子どもを支えていく

次の週はどう変わったのか。お母さんが送ってきて、姿が見えなくなると、私にこう聞くのです。「先生、あと何分したら母さん、来る?」「あんた、いま来たばっかりよ」「先生、あと何回（練習）やったら、母さん来る?」「あと10回」。そう言いながら待つのです。

ところがその子は、お母さんが迎えにくると、待っていたことを見せないのです。お母さんが迎えにくると、表情を変えずに「おんぶ。だっこ。おんぶ。だっこ」と言うのです。

お母さんは、3年間おんぶしました。すごいと思いませんか。お母さん、頑張るのよと言ったら、「頑張ります」と言っておんぶして帰ったのに、1年が過ぎた春休みに、私にこう言いました。「先生、ほんとに、おんぶが終わる日がいつか来るんですか?」と。来なかったらどうしようと思って、私も少し心配でしたね。お母さんにあとで聞いたのです。「何で、お母さん、あんなふうに聞いたの」と言ったら、お母さんいわく「一生、これが続いたらどうしようと思った」のだと。

ある日、その子がお母さんに「母さん、熊丸先生みたいになって」と言ったというのです。お母さんは、「お母さんは先生にはなれんよ。なぜかと言うと、あんな、ベラベラしゃべれん」と。それから、「あんなに歌も歌えんしね、笑顔も出ないし、ピアノも弾けん」と言ったら、「違う」と。「僕の姿が見えなくなるまで、手を振って」と言ったというのです。私はレッスンが済んで子どもたちが帰っていく時に、「またね」と言って玄関で子どもの姿が見えなくなるまで見送っていたんです。来たら、「待ってたよ!」と。

これが、自分は愛されていると思ったみたいで、これをお母さんに求めたようです。そのお母さんは言っていました。「先生、一週間したらね、言うのよ、うちの子が。『母さん、もういいよ』って」。「一週間して、許可が下りたわよ」と言っていましたけれども。この、手を振ってもらうことが、自分が見てもらっていることだと思ったのでしょう。

5年になった時に、その子は「先生、俺、ピアノやめる」と言うのです。私は、本当はやめてほしかったんです。ちっとも上手になりませんでしたから、月謝をもらうの悪いでしょう。「うん、やめていいよ」と言ったら、その子は「先生、俺ね、剣道に行きたい」。「ああ、あんたには剣道が合ってるから、剣道に行きなさい」と言いました。「先生、俺ね、ピアノを弾くのはイヤだけど、来るのは好き。来ていいか」と言うのです。「うん、来ていいよ。来なさい」と言ったら、その子は素直でしたから来ました。ピアノは一週間に1回なのに、週に3回も来ました。ピアノは30分なのに、1時間も2時間もいました。

子どもたちは必ず下りてきます。自分の中に足りないものがあれば、それをもらいに……。もらわなければ次の成長の階段を踏むことができないとわかっているのです。この時に、親以外の私というおばちゃんが、先生が、その子を支えたということです。子どもたちが下りてきた時、いろんな人にかかわってもらい、支えてもらう、このことが大切なのです。

では、私たちはどう子どもとかかわっていくのか、支えていくのか。それはどうやったらいいのかと、みなさんは思うでしょう。

これはたとえば、子どもが夜、ウロウロしていてお母さんが怒ったら、隣近所のおせっかいなおじちゃん、おばちゃんが「子どもは早う寝らんな、いかんとよ。もう、帰って寝らんね。帰って、寝らんね、いかん、いかん。寝たらね、いい子になるとばい」「寝たらね、大きくなるとばい」。おばちゃん、おじちゃんが、こうして自分の思いを子どもに伝えていく。そういうことだって、私は伝えていくことだと思うのです。

親だけではなくて、いろいろな人がいろいろなかたちで支えていく。子どもたちは、逃げ道ではなく、抜け道を通って下りてきます。その時に、いろいろな人たちが子どもたちを支えていくということ、伝えていくということが大事なのだろうと思うのです。

いまはおとなにとって正念場

いま私がいろいろなところを講演で回っていると、お母さん方が「頑張らなきゃいけない。自分でしっかりやらなきゃいけない」と言われます。本当に親もきついのです。私は、お母さん方が持っている力を精一杯出しているのを知っています。そして、「お母さん、頑張りなさい、頑張りなさい」と言われると、お母さん方はこう言いたいのです。「これ以上、何を頑張ったらいいんですか。どうやれば、うちの子はちゃんとできるんですか。どうやればいいんですか。そこを教えてください」と。

また、ある所で講演した時のことです。「私、離婚しました。どうやれば二人分頑張れますか。どうやれば、父親の分まで頑張れますか。どうやったらいい子に育ちますか」って尋ねられたんです。私はそのお母さんにこう言ったの。「お母さん、二人分頑張ることないよ。ひとり分頑張ったらいいんじゃない、あなたができることを、できるところから精一杯やればいいじゃないの。足りないところはいろんな人からもらいなさいよ、その代わり余っているものは、上げてよ。そうやって子育てはしていくのよ」って。ひとりだけ

で頑張るんじゃない、みんなからもらえばいい、そして一緒に手をつないでいきましょうよ、と話をしたんです。

私は一人ひとりのおとなたちがいま、子どもの幸せのために、自分のもっているものをすべて出していく、できることを、できるところからかかわり、伝えていく、その正念場だと思いますね。

みなさんは頑張っていますよ、お母さん。頑張っています。ただ私は、ないものは、少しぐらいもらってもいいのじゃないかと言いたいのです。子どもたちは、完璧で立派な親なんかは求めていませんから。子どもたちが求めているのは、本当に自分を愛してくれ、支えてくれる親です。少しくらい親というものは抜けていていいのです。ただ、抜けているところ、そこを補ってくれる人たちが必要だということです。それが先生であり、地域のおばちゃん、おじちゃんであり、おじいちゃん、おばあちゃんなのです。園に行けば、園の先生方が「早く寝なきゃあ、ダメなのよ。寝るとね、大きくなるのよ」と、先生は先生の伝え方をしてくれるでしょう。地域のおばちゃんたちは言ってくれるでしょう。いろいろな人の力を借りながら、子どもたちにいろいろなことを伝えていく。このことが大事なのだろうと思います。

みなさんが、「コラッ！」と叱っても、子どもは次の瞬間にまとわり付きませんか。それでも離すと、足にくっついていませんか。それを離すと、服を持っていませんか。子どもたちは、ありとあらゆる手段をとりながら、親に見てほしい、わかってほしい、かかわってほしいと100パーセント、120パーセント、親を信頼しているのです。お母さん、自信をもって！　子どもたちは、お母さんが大好きなのですから。

命の大切さを教えるのも、おとなの仕事

私はやはり、いろいろな事件が起きているこの時期に、「命の大切さ」をもう一回、みなさんと一緒に考えていかないといけないのではないかなと思うのです。

それは、幼児期にきめ細かく大切に育てられた子は、自分の命も、人の命も本当に大切にします。この時期に粗末に育てられている子は、自分の命も、人の命も粗末にする。そんな気がするのです。

いま、事件を起こしているあの子たちは、こうです。「あの子は、いい子だった、いい子だった」。私は、あれは親にとって、おとなにとって、都合のよい子なのだろうと思います。子どもが、都合のよい子であるはずはありません。わがままを言い、煩わしさを出し、イライラさせるのが子どもたちですから。ですから私たちは、できることを、できるところから精一杯子どもを、叱って、褒めて、伝えていくしかないのです。

私は、事件を起こしている子どもたちを見た時に、本当に粗末に育てられていると思っています。食べさせてもらう時に食べさせてもらっていない。「食」は、身体をつくるだ

けではなく、心も安定させます。

みなさんは、20年ぐらい前に、横浜で浮浪者襲撃事件というのがあったのをご存じでしょうか。あの時に、私は横浜の幼稚園に勤務していました。事件を起こした、あの子どもたちの食生活、何を食べているかを調べた栄養士さんがいました。その方の報告を聞いた時、驚きました。あの子たちは、家庭で食べる煮物や、ご飯というものを食べていないということがわかったのです。スナック菓子や、から揚げ、フランクフルト、焼きそば、チョコレート。屋台で買うような、コンビニで買うような食事しかしていない。

事件のあと、あの子たちが施設に預けられて、食の面から見直していこうということから、煮物や、みなさんが、家庭で作っているようなものを食べさせたということです。そうしたら、あの子たちは少しずつ安定してきたということです。やはり、食事をして、しっかり栄養を取って身体のできた子たちは安定します。

私が、あの浮浪者襲撃事件を起こした、子どもたちのことをニュースで知った時、抱かれる時に、抱かれていない。見てもらいたい時に、見てもらっていない。叱られていない。かかわってもらっていない。愛されていない。そして、食べさせてもらっていない。本当に粗末に育てられているんです。だからこそ、自分の命も、人の命も大切にできなかったのではないかなと思うのです。あの子たちを責めるだけでは解決しない、もう一度、成長の階段を一つひとつしっかりと踏ませ、支え、かかわり、伝えていく。このことが本当に大切なのではないか、とその時強く思いました。

何か事件が起きると、園が悪い、学校が悪い、先生が悪い、家庭が悪い、親が悪いと言います。いいえ、お母さんも、お父さんも、先生も、自分が持っている力を精一杯出しています。私は知っています。でもお互いに人間ですから、完璧ではありません。足りないところがあります。だから、これを責めるのではなくて、お互いに補っていく。これが、いま必要なのだと思います。それでも足りないのです。だからこそ、そこに地域というものが必要になってくるのだろうと私は思っています。

おせっかいおばちゃん、おせっかいおじちゃんは必要です。挨拶をしない子に、「挨拶、しないとダメよ」。チョロチョロしたら、「それは、危ないからダメ」と、叱ってくれるおばちゃん、おじちゃん。いいことをしたら褒めてくれるおじちゃん、おばちゃん。こういう存在も、私は大事なのではないかなと思っています。

ある中学校で講演をした最後に、「先生には、何人、子どもがおるとですか（いるんですか）」と言われたのです。何で、そんなことを聞くのと言ったら、「先生のようなおとなに育てられた子は、非行に走らんと思います」と言うのです。その子は、完全に走っていました。わかりやすいでしょう、出せるのだから。いまは、出せない子のほうが多いのですから。「そう、ありがとう。でも、あなたの期待に添えなくて本当に悪いわ。私には、子どもがいないのよ」と言ったら、前に座っている男の子がこう言いました。

「じゃあ、先生は、どがんして（どうして）、そんなに子どもの気持ちや親の気持ちがわかるとですか」と。

私はその子に答えました。「子どもを育てるのは、親だけではないのよ。おとなはみんな、子どもを育てる責任があるの。そりゃ、あなたの親には負けるわね。あなたを命に代えて生んだんだもんね。でも、あなたを幸せにしたいという思いは誰にも負けない。だから、私が生きてきた生き方を、何がよくて、何が悪いかを伝えるからね。そして、要らないものは捨てていい。でも何かひとつでも残ったら、それを次の子たちに伝えてほしいのよ」と答えました。そしたら、その男の子は、私にこう言いました「先生は立派です」……と、ちょっと恥ずかしかったですね。

自分ができることを、できるところから

みなさん、いま、みなさんのお子さんは基礎をつくっています。そして、みなさんにもらったものを全部タンクに入れていきます。みなさんのとおりを真似しながら学んでいきます。でもこの子たちが思春期に入ったら、みなさんからもらったものを置いていくのです。これは、要らない。これは、要る。

この時期に、子どもたちは間違いなく親を批判し、親に反抗します。あたりまえです。土台ができているからです。

そしてべたべたの量が足りなかったら、べたべたします。抱いてあげてください。抱き

癖なんかはつきません、抱いてあげていいのです。抱く量が少なかったら、さっきの子のように下りてきてくれますから。

ただ思春期になると、子どもたちは、べたべたできないのです。だから、べたべたしてほしい、見てほしい、わかってほしいという気持ちをどういう行動で表現するかわかりますか。子どもたちはだいたい、こう言うのです。「見るな」「見るな」。あれは、「見て」ということなのです。

私はいま、中学生、高校生とかかわっていますから、ちょうどこの時期です。「触るな、触るな」。あれは、「触って」ということです。「見るな」は「見て」ということです。「運動会、絶対来るな」と中学生になるとよく言います。みなさんの子どもさんはまだ、「ママ、来てよ。絶対来てよ」でしょう。中学生になると違います。「来るな」「絶対、来るな」と言いながら「どこにいるかなー」と探すのが中学生なのです。そして、わざと親を怒らせ反抗し、親を無視し、それでも自分に関心があるのかどうかを確かめながら、自分自身をつくっていき、調整していくのが思春期なのです。

ですから、この幼児期にべたべたするのはあたりまえです。抱いてやってください、みなさんの余裕がある時には。子どもたちは、それでもちゃんとわかっています。

子どもたちは、いくつになっても「見てほしい」「わかってほしい」「かかわってほしい」「叱ってほしい」「愛してほしい」と言っています。これが子どもたちです。どうぞみなさん、ご自分ができることを、できるところから、精一杯やっていきましょう。そして足りないところは、もらいましょうよ。そして、余っているものは、あげましょう。ひとりで頑張ろうなんて思わないでください。

子どもたちは、幸せになるために生まれてきたのですから、どうぞ、子どもたちを幸せにしてほしいと思います。そういう思いを込めて、横に座っている方とどうぞ握手してください。

「まあ、うちの子を頼むわよ」。「あんたんちの子も、見るわ」。「うちの子がいけないことしたら、叱ってよ。その代わり、私も叱るから。その代わり褒めて、私も褒めるから。そして、あなたの笑顔をたくさん、うちの子にください。そのお返しに、私のがさつさをあげるから」。これは要らないかも。でも、もらったり、もらわれたりしながら、子どもたちが大きくなっていく。子どもたちは、伝えてもらったものを出していくのですから。真似をしながら学んでいくのですから。

「うちの子、うちの子、最高！」

子どもたちのやることに無駄はありません。「もう、何回言ったらわかるの！」。何回も言いましょう。「昨日も今日も言ったのに、もう忘れたの！」。忘れてしまったのです。

「でも先生、それでも私は、ギャアギャア言っています」「こんな私でいいんでしょうか」。

心配いりません。あの、ギャアギャアは、子どもは聞いていないから。「聞く、聞かん。聞く、聞かん」とより分けながら大きくなるのです。全部を入れたら、ストレスで死んでしまいます。聞く、聞かないという能力があるからこそ生きていけるのです。

でも私たちは、聞こうが聞くまいが、子どもたちに言い続けるしかありません。伝え続けるのですよ。教えるのではなくて、伝えるのです。命を伝え、笑顔を伝え、優しさを伝え、食べることの大切さを伝え、そしていたわりを伝え、文化を伝え、生まれてきたことの素晴らしさを伝える。伝えてもらった子どもたちは、必ず次に伝えていくと私は思っています。どうぞ、みなさんができることを、精一杯伝えていきましょう。

「そりゃあ、母さんはね、欠点持っているわよ。でも、あんたを愛することに関しては、誰にも負けないわ」。これさえあれば子育ては大丈夫！

そして、イライラした時には、イライラする自分も、イライラさせてくれる子どもも、順調だと思ってください。この時期に手が掛かる子は、その分生きる力を身に付けているのですから。それでも、イライラしたら、どうぞ、この歌を歌って元気を出していただきたいと思います。

横の方と、どうぞ手をつないで。いいでしょうか、いきますよ。ずらっと手をつないでいただいて。いいですか、では、上、はい、下、はい、上。ハーイ、いきますよ。

♪上げたり、下げたり、上げたり、下げたり、上げたり、下げたり、きりがない♪　これだけです。

子育てはきりがありません。山もあれば、谷もあります。でも、手をつなぐ長さが長くなればなるほど、子どもは豊かに育ちます。10人の人に囲まれた子は、10の笑顔をもらいます。20人の人に囲まれた子は、20の価値観、生き方をもらいます。30人の人に囲まれた子は、30の優しさをもらうのですから、たくさんの人と手をつないで子どもを見ていきましょう。

お母さんが、お父さんが、先生が、子どもたちに言ってください。「母さんは、父さんはね、あなたを愛しているよ」。これが一番です。「安心しなさい、先生もいるじゃない。おじちゃん、おばちゃんもいる。あわてなくていい。焦《あせ》らなくていい。いつかは、できるから。でも、あきらめないで。母さんも、父さんも、あなたを支えるからね」。

そして最後に言ってあげてください。「生まれてきてくれて、ありがとう」ということを。子どもたちは、幸せになるために生まれてきたのですから、子どもたちを幸せにするのは、私たちおとなの責任です。どうぞ、みなさんお一人おひとりが責任をはたしていきましょう。

そして、わが子は、本当にみなさんを信頼して選んで生まれてきたのだということを確認してもらいたいと思います。私は、自分に子どもがいないからわかるのです。みなさんのお子さんは、間違いなくみなさんを選んで生まれてきました。だから、わがままを言うのです。だから、煩わしさを出す。だから、イライラとさせてくれるのです。「この親だったら、大丈夫」と。どうかみなさん、自分の言い方、やり方に自信を持って子どもに伝えてください。

最後にどうかみなさん、子どもたちを比べないでください。子どもたちの成長は、みんな違います。歩く時期も、話す時期も、離れる時期も……。もし、どうしても比べたいのでしたら、他の子と比べるのではなく、わが子の一年前、半年前と比べてください。きっと成長していますから。


それではみなさん、まとめをします。いいですか、何にも考えないで大きな声で、「ハーイ」と言うだけです。準備オーケーですか。「ハーイ」と言うだけです、わが子の顔を思い浮かべながら。

「うちの子、うちの子、最高！」

「ハーイ！」

最高よ、きみは順調です！　そしてお母さんも順調です！

■この講演は、乳幼児をもつお母さんを対象に行われたものです。

第2章

すばらしい思春期をきみたちに

私はいま、全国の学校をずっと講演をして回っています。今日のように、ほんとに笑顔のステキな子どもたちを見ると、幸せになります。

いま、きみたちが、とてもステキだというのがわかったので、聞きたいことがあります。いい？　よく考えて答えてくれる？

毎日、母さん、父さん、先生、おじいちゃん、おばあちゃん、いろんな人にこう言われている、「何回言ったらわかるの！」と。はい、正直に手を挙げてください。どうぞ。「ハーイ」下ろしてください。「オッケー、オッケー。きみたちは順調だね。何回も言ってもらってね」。

「それ、昨日言った、さっき言った、いまも言った。忘れたの！」と言われる子。「ハーイ！」やあ、順調だね、きみたち。そうだよ。忘れていたものね。だから、何度でも伝えてもらわないといけないのよね。

今日はね、ここに中学1年生が全部で何人いるのかな。１４０人くらい？　じゃあね、１４０人のお友だちがいたら、一人ひとりが、みんなステキなんだということ、いいですか。ここにいる一人ひとりがとても大切で、ステキな存在なんだということを話したいと思います。

「自分のことが好きだなと思う子はどうぞ手を挙げて。ほかの人じゃない、自分のことよ。自分のことが好きだなと思う子」「いない！　なんで？」みんな、こんなにステキなのに、自分のことを好きじゃないの？　じゃあね、今日は、そのことも含めて中学生のきみたち

にお話をします。

あなたはどこから生まれてきたの？

私は幼稚園の先生を長くしていました。昨日は、幼稚園に行きました。幼稚園で、お母さんや子どもたちと一緒に遊んだの。楽しかったよ、新聞紙で遊んだの。君たちのなかで、幼稚園ぐらいの弟や、妹がいる人？　何歳？　５歳？　動くよね、チョロチョロと。ずっと動いてるでしょう。

先生は毎日、だいたい、そういう小さい子と午前中は遊んで、午後が小学校、中学校、高校、大学に行ったりして、いろんなことをお話ししているのだけれども、小さい子ってかわいいよ。きみたちのようにこんなにきちんと座れないの。それで昨日も、幼稚園で新聞紙をビリビリ破いて、パアッと遊んだの。

きみたちは幼稚園や、保育園に通っていた時のことを覚えている？　じゃあね、生まれた時のことを覚えている子。覚えていない？　これはいないだろうけれど、おなかの中に入っている時のことを覚えている子？

覚えていても、覚えていなくてもいいんだけれど、今日は、ここに１４０人の子どもたちがいる。１４０人の子どもがいたら、生まれる時に１４０のドラマがあって、みんな、一人ひとりが、ほんとにステキなんだということを、今日は話したいと思います。

きみたちは小さい時、母さんや、父さんに聞いたことがある？　「母さん、僕、どこから生まれた？」。「お父さん、私、どこから生まれた。どこから来た？」と聞いたことがある子。聞いたでしょう。お母さんは何て答えた？

「えっ！　勝手に出てきたって！」

「うん。勝手に出てきた」

「勝手に出てきた」と言ったの。なんてことでしょ。ほかにない、ほかに？

小学生にもこんな質問しました。小学生って面白いのよ、ほんと。先生はもう吹き出しちゃうの。こんなことを言ってくれたの、ちょっと言ってみますね。

どこから生まれたの、どこから来たの。「はい、はい、はい」。小学校1年生、2年生ってわかっても、わからなくても手を挙げるの、「はい、はい、はい」「どうぞ」「わからん」と、これが1年生。かわいいわね。「はい、はい、はい」「どこから生まれたの？」「川」「あなたは川から来たの？」そうしたら、こっちのほう、「先生、僕違う、僕違う」「あなたはどこから来たの」と言ったら、「山」とかね。玄関を開けたらいたとかね。卵を割ったら出てきたとか。きみのように「勝手に出てきた」と言う子もいるかもしれない。

一人の女の子はすごかったよ。「先生、私は違う、私は違う」と2年生の子。かわいい子で、私はドキドキしながら、∧何て言うんだろう、何て言うんだろう∨と思って聞いていたら、その子はこう言うの。「先生、私ね、ひまわりから生まれたの」って、おもしろいわね。この前、中学1年生の女の子は「白菜から生まれた」と教えてもらったって。

そうしたら、またこっちで「先生、僕違う、僕違う」と2年生の男の子。「きみはどこから生まれたの?」と聞いたら、その子は悲しそうな顔をして「先生、絶対に笑わないで」と言うから、「笑わないから言ってごらん、笑わないから言ってごらん」。私は、ほんとに笑わないと思ったのよ、でも、笑っちゃった。なぜかというと、その子は、こう言ったの。「先生僕ね」「どうしたの?」「母さんも、父さんも教えてくれなかった」と言うから、「誰が教えてくれたの」と言ったら、「兄ちゃんが教えた」と言うのよ。その子は、中学2年の兄ちゃんがいるの。私は一瞬、<へんなことを言っていないだろうな>と思って、「兄ちゃんが何て言ったの、言ってごらん」「先生、兄ちゃんが僕に言った」「何て言ったの」。「おまえはポチのウンコから生まれた」と言われたんですって。それで、本気で悩んでいたのよ。だから、「違うよ、今日は、ほんとのことを話すね」と言って話しはじめたんだけれど。

きみたちは知っている? きみたちが、影もかたちもない時に、きみたちのお母さんと、お父さんが出会ったの。ステキでしょう。あら、ステキよ。小学生はみんな、「ステキだ」と言うの。中学生はみんなパッと興味なさそうに下を向くの、いまみたいに。順調です、きみたちは。

それでね、父さんと母さんが出会って、お母さんはお父さんを見ていいなと思ったの。お父さんもお母さんを見て「ステキだなあ」と思ったのよ。いつだったかこういう話をしたら、長崎の中学生が「その時は！　でしょう」。いや、「その時も！　いまも！」なんです。

そして、お母さんとお父さんは結婚するの。「結婚すると、何の相談をすると思う？」

と、小学生に聞いたの。中学生のきみたちにも聞いてみようか。「お母さんとお父さんが

結婚する時に、相談することがあるの。何の相談をすると思う？」

「式はいつ」

いいねえ、そういう相談って楽しいわね。オーケー、オーケー。ほかには？

「離婚」

えっ、離婚の相談。ちょっと早いんじゃないかしら。はい、どうぞ。

「うちの相談。住む土地の相談」

土地の相談、まあきみたちすごいわね。ほんとに中学生？　そうよ、そういう相談もす

ると思うよ。ほかにない。はい、どうぞ。

「赤ちゃんの名前」

勝手に決めたら、ダメだもんね。オーケー、オーケー。ほかにないかな。ほかにない？

小学生も、きみたちと同じように言ってたよ。あと、どんな相談するかな。

「ばあちゃん、どっちがみるか」。あっ、そうね。

「ローンをどうするか」。それも大事だもんね。

でも、最後に「赤ちゃん」という答えが返ってくるんです、赤ちゃん欲しいという相談

をするんだよ。「母さん、僕はね、こんなかわいい男の子が欲しい」「いやあ、お父さん、私はこんなかわいい女の子が欲しい」と相談するのよ。

ここからです、女の子はよく聞いて。あなたたちも、もうそろそろおとなの身体に近づいているから同じですよ。お母さんは、おなかの中のちょうどこのへんに、赤ちゃんの卵（卵子）を持っているのよ。女の子はそうよ。

お父さんも、すごいよ。男の子聞いて。きみたちはこれから、お兄さんの身体に近づく。お父さんの身体に近づくとね、赤ちゃんの種、そう精子ができるの。すごいと思わない。その種と卵（子）がくっつくと、赤ちゃんになるんだけれども、ただね、きみたちのお父さんはすごいよ。たとえばユウちゃん、としようか。きみをつくる時に、いまこの会場の中学生は１４０人でしょう、足りない。日本の人口は約1億3千万、まだ足りない。ユウちゃんのお父さんは、きみ一人をつくる時に、日本中の人が約2倍以上集まった数、いい、3億、3億という精子を出したの。その3億の精子は、お母さんの卵（子）をめがけて行くの。ドンドン行くの。ドンドン、ドンドン行くの。すごいでしょう。

そしてね、この3億の精子の1個が残るのよ。あとは全部消えて死んでいくの。消えるんだよ。でもね、ただ消えるだけではない、死ぬだけではない、2億９９９９万９９９９の精子は、ユウちゃんを選んだの。きみが赤ちゃんになって生まれて！　僕たちはきみを応援する。きみは選ばれたの！

もし違う精子と、母さんの卵（子）とくっついていたら、ユウちゃんはここにいません。

違う誰かが座っていたはずです。きみたちは、みんな選ばれたのよ。それも、父さんの3億の精子の中の、一番元気な、一番優しい、一番いたわりのある、一番輝いた、一番強い精子がきみたちなんだよ。そして、母さんの一番ステキな卵（子）とくっついて、きみたちになった。すごいよね。

3億の中のたった1つがきみ

それでは、ここで質問します。きみたちが一番最初に、お母さんのおなかの中に入った時の大きさを知っている子。どれくらいだったか。これくらい？　これくらい？　どれくらいだと思う？

じゃあ、きみ。ここに出て来て、ボードに書いてみて（一人の男の子が前に出てくる）。自分の考えでいいから。はい、どれくらいの大きさかな、みんなもやってみて。

それでは、私がこのボードに書きます。君たちの一番はじめの大きさを書きます。ほら、これがきみたちの一番はじめの大きさだよ（画用紙に鉛筆の先でチョンと点を書く）。

きみが最初に、母さんのおなかの中に入った時の大きさを書きました。見える？　見えないでしょう。見えないくらい小さいの。これ、この線の上。この点です。これが、きみたちの最初の大きさです。

そしてお母さんに栄養をもらって、やがて生まれて、お乳をもらって、ミルクを飲んで、ご飯を食べてこんなに大きくなって、ほんとにステキに成長しました。

きみたちがお母さんのおなかの中に入った時、お母さんに知らせた？　あら、知らせなかったの。「母さん、僕、入ったよ」「母さん、私、入ったわよ」って、知らせた子、いない？　でもあなたたちは知らせたの、間違いなく。

お母さんはこうなのよ。きみたちが、おなかの中に入ると、赤ちゃんの卵（子）をつくる必要がなくなって生理が止まったりとか、あと、身体がだるくなったり、熱が出たりする。なんか体の調子が悪いなと思って、お母さんは病院に行きます。「先生、ちょっと身体の調子が悪いんです」と。

病院というところは、おしっこでほとんどの病気がわかるの。赤ちゃんがいるかどうかも、おしっこでわかるの。「じゃあ、お母さん、ちょっとおしっこを調べましょう」。おしっこを調べます。

もし赤ちゃんがいたら、「いやあ、お母さん残念でした」とは言いません。「おめでとうございます！」と言う。なぜだかわかりますか。3億の中の1個だから。そして、病院の先生は、お母さんに注意をするの。「お母さん、牛乳は好きですか？」「いいえ、嫌いです」「困りましたね、しっかり牛乳を飲んでもらわないと。カルシウムは大事ですよ」。牛乳が嫌いなお母さんは、嫌だな、嫌だな、でも、赤ちゃんのために飲まなきゃ。おうちに帰ってどうしたと思う。ガバッと飲んだのよ、苦手な牛乳を。

「お魚好きですか?」「いいえ、嫌いです」「いやいや、食べてもらわないと困ります」。お母さんはきらいな魚もバリバリ食べました。そしてその栄養は、あなたたちのところに行ったの。どうやって、きみたちは栄養をもらったか覚えている? そうです、そうよ。へその緒から栄養をもらったのよ、みんな。

この前の、小学校1年生はかわいかったよ。お母さんはどうやって、赤ちゃんに栄養を送るか知っていますかと聞いたら、その1年生が答えました「おなか開けて入れる」。違いますね。食べたものが、へその緒を通って栄養がドンドンきみたちのところに届くんです。

お正月におなかの中に入った赤ちゃんは、10月まで、ずっとお母さんから栄養をもらい、守られ続けるの。1月から10月まで、お母さんはすごいね。

「お母さんのおなかの中のことを覚えている子いる?」「お母さんのおなかの中が暗かったと思う子」「ハーイ」。「明るかったと思う子」「ハーイ」。「テレビがあったと思う子」「ハーイ」ありません。ゲームもありませんよ。いま、きみが言ったとおり、おなかの中は暗いの。でもね、寂しくないのよ。なんでかわかる? お母さんの声が聞こえるから。それで、気持ちのいいお水に浮いているの。お母さんってすごいよ、お買いものに行く時、石ころにぶつかって、ああって転びそうになると、その気持ちのいいお水が、きみたちを守ってくれたの。ぶつかりそうになると、またその水が守ってくれた。きみたちは、そうやって守られたの。

それで、だんだん、だんだん大きくなって半年ぐらいすると、お母さんの声が聞こえたでしょう。「あれっ、聞こえなかった？　お母さんの声」。聞こえたはずよ。だから、きみたちは、お母さんにちゃんと応えたはずです。たとえば、お母さんが「赤ちゃん、赤ちゃん」とおなかをさすると＜おおっ、母さんだぜ。合図を送らなきゃ。イエィ！＞とやったんだよ。お父さんが「どれどれ、赤ちゃん、どれくらい大きくなったかな」とお母さんのおなかをさする。＜おっ、今度はおやじだぜ。もっと元気よくあいさつしなきゃ。イェーィ！＞。おばあちゃんも「どれどれ、どれくらい大きくなったかな。赤ちゃん元気かな」と言ったら、きみたち、＜おっ、ばあちゃんだ。あんまりびっくりさせてはいけない。イェ＞とやったのよ。

その時、お母さんも、お父さんもうれしくてね。ほんとに幸せだったの。だんだん大きくなって、生まれる時が近づくと、きみたちは、お母さんに合図を送ったはずです。＜母さん、もう生まれるよ。準備頼むね＞と、ちゃんと身体に知らせてくれるの。

そうすると、赤ちゃんってすごいのよ。頭を下にしなければいけないことを知っているの。女の子はよく聞いて。あなたたちの身体も一緒。ステキよ。赤ちゃんの通る道があるのだけれど、それはね、ちょうど、ウンチの通る道と、おしっこの通る道の真ん中に、赤ちゃんの通る道があります。

■講演を聴いた中学生の感想文

今日の講演会は全然眠くならなくて、本当に笑いがたえない2時間でした。毎日、起きて寝てのくり返しで、あたりまえに生きているけど、私の幸せは毎日の生活の中にぎっしりつまっているんだなあと今日の話を聞いて思いました。生まれてきただけで一つの幸せが手に入れられたんだし……。人間って本当に不思議だなと、なぜか先生の話を聞いて思ってしまいました。

（中学3年）

そこから、赤ちゃんは生まれてくる。手や足から生まれるとね、たいへんなことになるのを知っている。だから赤ちゃんは、みんな頭を下にして生まれてくるの。

親は命をかけて子どもを産む

この話をする前に、ちょっときみたちに聞きたいんだけれど、「今日、朝来る時に、ちゃんとウンチをしてきた子」、「ハーイ!」「偉い!」ウンチは出さなければいけません。いい、きみたち。女の子はそうでもないけれど、男の子は、学校でトイレに行くのが、すごく恥ずかしい時があるんだよね。ちょうど小学校5年ぐらいの、気持ちが思春期に近づいてくると、なんかトイレに行ったりすることが、友だちにからかわれるので恥ずかしい。からかうことが一番いけないんだけれどね。

だから、たとえば学校でも、給食を食べて5時間目ぐらいからおなかが痛くなるわけ。「腹が痛い、腹が痛い。トイレに行きたい」と思うわけ。行こうかなと思っても、行ったら、あの子がからかう。あの子が笑う。我慢しよう、我慢しようとなる。

おなかが痛くなったら、ちゃんと学校でトイレに行ってください。家に帰るまで我慢しちゃダメ。そのためにトイレがあるんだから。

ただ、いいですか、みんな覚えておいてください。その人の生理的なものを笑う。これは、最低の子がやることですからね。人間として最低のことです。ウンチに行く時に、「えっ、トイレ行くの。えっ、ウンチ行くの。えっ」ってからかう子。もう最低ね、こんな子。お友だちがウンチに行くって言ったら、応援してあげなさい。「頑張って」とか。

　この、ウンチの通る道と、おしっこの通る道の真ん中に、赤ちゃんの通る道があって、そこからきみたちの頭が出てくる。この時に、赤ちゃんが頭を下にするのだけれど、いたんです、そのころから。赤ちゃんのころからいたんです、言うことを聞かない子が。お母さんや病院の先生が、「赤ちゃん、頭が下よ、頭が下よ」〈頭が下か。やっぱ、出るのやめた〉。そんな赤ちゃんには、頭を下にするために、お母さんが体操をするの、逆子《さかご》体操とかマッサージ。でも最後まで自分の意志を通した赤ちゃん、絶対に嫌だと。その子は、お母さんがおなかを切るのね、帝王切開といって。

　お母さんの、赤ちゃんの通り道は、こんなに小さいの（手で示す）。そこから、きみたちの頭が出てくる。この時お母さんは、ほんとにたいへんだったよ、ほんとにきつかったよ。昔のお母さんはね、赤ちゃんを産む時に、命を亡くすお母さんもたくさんいたの。いまは医学が発達しているから、ずいぶん少なくなったんだけれど。

　だけど、これだけは忘れないでください。きみたちのお母さんも、昔のお母さんと一緒です。きみたちを、命がけで産んだということを忘れないでください。そして、きみたちも、7センチという赤ちゃんの通る道、産道を、頭をグルグル回しながら生まれてきたんです。きつかったでしょう。小学校1年生に、きつかったでしょうと言ったら、全員、

先生のお話は身ぶり手振りでとてもおもしろく、わかりやすかったです。1時間のなかでくわしく、わかりやすく話をしてくれたのは、先生が初めてです。先生は、おとなでも子どもの気持ちがよくわかっていて、すごかったです。自分の親にも聞かせてやりたいぐらいです。私は小さい頃のことは少ししか覚えていませんが、前にお母さんにこんな事を聞かされました。「あんたが3歳ぐらいの時に、お母さんにむかって『クソババア』と言った」と。私の記憶の中では、ぜんぜんありません。だから私はお母さんに、すまないと思っています。私は選ばれた存在だから、この命を大切にし、親にも感謝しています。今日はどうもありがとうございました。

（中学2年）

「きつかったよ」と言っていました。きつかったはずよ、きみたちも。「お母さん、僕頑張る、私頑張る」、一緒に頑張って。そしてきみたちが生まれたの。

生まれた時、へその緒がついていてね、それを切ると、赤ちゃんは自分でおっぱいを飲めるし、呼吸もできる。だから、オギャーっと泣いたの。その泣いた時に、きみたちは、母さん、父さんに、こう言ったの。「母さん、父さん、僕、幸せになるね」と。「私、幸せになるね」と生まれてきたの。だから、みんな幸せにならなければいけないんだよ。

そして、母さんや、父さんは、きみたちを見て何と思ったのか教えようか。お母さんも、お父さんも、きみたちを見て、こういうふうに思ったの。「もう、何にもいらない。何にも望まない。これで充分だ」と、その時は思ったの。いまは、ちょっと忘れているだけ。

それできみたちは、世界中で一番ステキな母さんの笑顔をもらった。だからいま、きみたちはこんなにステキなの。お父さんの優しさをもらった。だから、こんなに優しいの。じいちゃん、ばあちゃんに、いたわりの心をもらった、だからこんなに穏やかなの。それでね、母さんは、あれだけ苦しかったのに、きみたちの顔を見たとたんに、世界中で一番幸せなお母さんになったんだよ。知っていた？

先生はこれからきみたちに、こういうお母さんの思いを伝え、お父さんの思いを伝えたい。それからもう一つは、きみたちの身体のことを、お話ししたいなと思っています。

男性ホルモン、女性ホルモン

男の子は、中学1年の子と、中学3年の子はずいぶん違うでしょう。中学3年のお友だちって大きいでしょ。高校生はもっとすごいよね。「男の子の小学校1、2年のころと、いまと比べて、ちょっと違ったところはない?」「なんか声が、だんだん変わってきている子はいない? 手を挙げて」。それは、お兄さんに近づいていることで、ステキなことね。

「先生、でも、僕まだ声変わりしていない」「いいの」。「変声期」はその子によって違うのだから、心配いりませんよ。心配いらないよ。声変わりしても、高い声の子もいれば、低い声の子もいるから心配いりません。男性ホルモンが出てきてお兄さんの身体に近づくと、そういう声になります。でも、みんな違うから。小学校でなる子、中学1年でなる子、3年でなる子、みんな違いますから、変声期がきても、高い声の子も低い声の子もいるの。絶対に比べないでください。いいですか。

女の子は、お姉さんの身体に近づくと女性ホルモンが出てきます。そうすると、赤ちゃんの卵(子)をつくることができるようになります。これが「生理」です。赤ちゃんの卵をつくる準備をします。そうすると、この卵(子)がずっとあると腐ってしまうから、一回外に出さなければいけない。それで、きれいにして、また新しい卵（子）をつくる、これが生理です。生理が始まる時期はみんな違います。小学校の3年生、4年生で始まる子もいれば、中学生で始まる子、いろいろです。だから、心配いりませんよ。その子の身体によって、ちゃんと知らせてくれるから。

それは、こういうことなの。あなたの身体は、もうお姉さんに近づいた、おめでとう。だから生理がある。昔の人たちはどうしたか知っていますか。お赤飯を炊いてお祝いしたのよ。いま生理が始まったらどうするのかな。ケーキか何かを買ってくれるのかな。昔から、とっても、これはおめでたいこと。ステキなことよ。ただ、ばらつきがあるから、「先生、私はまだよ」と心配しなくてもいいのよ。その子によって始まる時期が違うから。いいですね。

それから女の子は、あと何が違ってきましたか。胸が大きくなりませんでしたか。これはね、とてもステキなことで、女性ホルモンができてお姉さんの身体に近づくと、乳腺が発達します。乳腺というのはどういうことか。あなたたちが、今度ステキな結婚をしてお母さんになる時に、赤ちゃんにおっぱいをあげないといけない。そのお乳の通るところ、これが乳腺です。だから、胸の大きさとは、ちっとも関係ありません。

よく中学2年、3年の子たちが気にします。「先生、私は大きい」「私は小さい」。いいですか。この胸のこれは、脂肪です。だから、その子の体格によって、形や大きさは違うから、何も心配しなくていい。その子によって違うのだから。だから比べることもありません。

ただ、こんな失礼な男の子はいない？　あなたたちのなかにも。もう、こういう子は、最低の男の子ね。ある中学に行ったら、女の子が自分の胸のことをすごく気にしているの。そうしたら、ある男の子が、その子に向かって言ったのよ、「いやあ、ペチャパイ」とね。これは最低の男の子の言うことよ。それから、ちょっと太っている子に、「デブ」。ほんとに最低よ、こんな子は。女の子はいいですか、こういう子を絶対に好きになってはいけません。女の子の身体をからかう、これは最低の男の子のやることです。

それから女の子も、男の子の身長を見て、「チビ」とか絶対に言ってはいけない。男の子はみんな違いますよ。いま、背が低いので気にしている子、きみたちは中学2年、3年になるころに、グッと伸びる。中学でグッと伸びる子もいれば、高校でグッと伸びる子もいるよ。みんな違うから心配いらない。身長のことで悩んだり、友だちと比べることは必要ありません。身長のことを笑う、からかう、これは本当に言ってはいけないことです。

それから女の子、あとどこが変わってくる？　生理が始まると女性ホルモンが出て、お肌がツルツルになるのよ。髪の毛も、ほんとにツヤツヤになります。女性ホルモンが出るって、とてもステキね。ただ生理が始まると、ちょっときつかったり、だるかったりする時があるでしょう。これは病気でも何でもありません。心配いりませんよ。この肌が一番きれいな時期があなたたちよ。見てごらん、ほら、ほんとにきれいな肌をしているよね。なのに、なんで中学校の2年とか3年とか、高校生のお姉さんたちは、お化粧するのかしらね。ほんとに残念ね。一生のなかで一番きれいな肌なのに、どうしていらないものをつけていくんだろう。あなたたちのこの肌は、もう戻ってきません。いまが一番ステキな肌。これを楽しんでください。

ただね、私はお化粧しています。私だって、あなたたちの肌だったら、お化粧はしません。でも、お化粧しなければいけない年齢がきます。その時に始めたって遅くはない。この化粧品というのは、若い肌は全部吸収します。肌をいためます。だからいまは、このステキな肌を楽しんでもらいたいなと思いますね。

エッチなことに興味をもつのは順調よ

それからみんな、あとどこが変わってきますか。自分で考えて。生理があって、胸が大きくなって、それから肌や髪の毛もツヤツヤになって、男子は声が変わったりと。ちょっとみんな、手をこうやってごらん。何がある？　頭があるでしょう。上には髪の毛よ。なんで髪の毛があるかわかる。髪の毛がなかったら、ものが飛んできたら、すぐ頭に当たってけがをして、一番大事な脳を傷つけてしまう。だから髪の毛がありますよ。毛というものは、大事なものを守るために生えていますね。

じゃあ、まゆは、なんであるんでしょうか。みんな気がついていないだろうけれど、汗が出るじゃない。このまゆがなかったら、そのまま汗が目に入っちゃうと痛い。だから、まゆって、すごく大事なのね。なのに、どうして、中学2年、3年ぐらいになると、このまゆを全部取っちゃうんだろうか。大事なまゆはつけておいてください、大事よ。

じゃあ、まつげはなんであるの。目にゴミが入らないようにね。じゃあ鼻の中に、なんで毛があるんでしょう。この前、この話をしていたら、小学2年生の子が「鼻くそをつくるため」。違います。でも、合っているかな。だって、ゴミが入らないようにして、そのほこりとか、ゴミが鼻くそだものね。

だから、毛というものは、大切なものを守るために生えてきます。だからきみたちの、いいですか、生殖器、おチンチンにも毛が生えてきませんか。くるでしょう。これは、とても大事なことなの。

ところがこれね、おチンチンに毛が生えてくると、すごく恥ずかしいと思ったりするでしょう。これもあたりまえのことだから。でも、あたりまえのことだからといって、見せっこすることはありません、自分の大切なところですからね。

私はいま合唱団の指導をしています。さっききみたちの先生が紹介してくれたでしょう。合唱団には高校2年生の男の子たち、女の子たち、高校3年もいるんだけれど、彼らが小学校4年のころに合宿に連れて行ったの。そうしたら男の子たちが、お風呂からなかなか出てこないので私は頭にきたから、「早く出てきなさい！　何しているの、もう歌の練習だから早く出てきなさい」と言ったの。男の子たち4、5人、お風呂の中で遊んでいるわけよ。お風呂は透明のガラスなの。男の子たちは、その透明のガラスのところに並んで「先生」って、おチンチンをブラブラしながら遊んでいるわけ。

その子たちが今度中学生の時に、また合宿に連れて行ったの。そうしたら、その男の子たちがまた出てこないのよ。女の子はちゃんと出てきて、もう歌う準備をしているのだけれど、その男の子たちは出てこないのよ。

私はカッときて、「何しているの！」と言ったら、中学2年、3年よ、お風呂の中で何をしていたと思う。石けんがあるじゃない、あれを体にくっつけて、シュワーッと泡を作って遊んでいるのよ。シャワーで水を掛け合いっこしているのは中3よ。私は頭にきて、「何をやっているの、出てきなさい。冗談じゃない、ほかの人に迷惑をかけるから早く出てきなさい！」と、パアッと開けたら、その子たち4年生の時は「イェイ！」ってやっていたのに、みんなおチンチンを押さえて、「おおっ」と湯船にドボンと入っちゃった。

でも、おチンチンに毛が生えてくる、生殖器に毛が生える、これはあたりまえのことです。大切なものを守っていく、このことですね。

女の子、男の子もそうです。男の子は、さっき言ったように声が変わってきますね。それから女の子に生理がありますが、じゃあ、きみたち男性ホルモン、精子はどうやってできて、どうやって出るかわかりますか。女の子はだいたい決まった時期に、いらなくなった卵（子）を出す、これが生理です。男の子の場合は、これは不思議なのよ。もうたまったから出なさいとか、こうしなさいとか、女の子のようには、きちんと出ないのです。

男の子はすごいですよ。お兄さんの身体に近づくと、ちゃんと男性ホルモンが出てきます。精子がたまると、ちゃんと脳が知らせてくれるんです。おい、もう一杯になったぜ、そろそろ出さないといけない。これが初めて出てきた時、きみたちビックリしなかった？「精通」といって、寝ている時に「あれっ冷てえ、漏らしたかな」と。これはとてもステキなことなのよ。女の子は生理が始まると、生理グッズとか買ってもらったことはない？かわいい生理グッズ。男の子には、あんなのがないのよ、精通グッズなんていうのはね。

私が知っている助産師さんは、一人息子がいるの。その子に精通があって、すごくうれしかったんだって。ああ、お兄さんの身体になった、もうおとなの身体になった、とそのお母さんは思ったんだって。女の子だったら、生理グッズのかわいいものをプレゼントするんだけれど、男の子はないから、ミッキーマウスのトランクスを、息子にプレゼントしたんだって。「これをはきなさい」「風通しをよくしておかなければダメよ」と言ったら、「アホかあ」と言いながら、その子はそのプレゼントのトランクスをはいているらしいんだけれど。いいお話だよね。

だから男の子はたまると精子を出します、精通。ただね、あれっ、漏らしたかな、あれっと思って、すごく気にして、ヤバイとばかりにパンツを丸めてベッドの隅のほうに押し込んだり、タンスの奥のほうに隠したり、そんなことはしないでね。いいですか、そういうパンツは、必ず自分でサッと洗って洗濯機の中に入れる。それぐらいのエチケットは持ちましょう。

それからもっとすごいのは、たまると、ちゃんと身体が知らせてくれます。それはどういうことかというと、寝ていると夢を見るの。夢と一緒にその精子が出てくる。「夢精」といいます。これだって異常でも何でもないんですよ、あたりまえのこと。たまったものは出さなければ。

女の子の場合は、ちゃんと1か月に1回とか来るけれど、でもこれも、中学生、高校生のころは、まだ身体ができあがっていないから、3か月に1回だったり、半年に1回生理が来る子もいる。まだバランスが悪いの。気にしなくていいのよ。身体がちゃんとできあがると、1か月にだいたい1回のサイクルで来るからね。

男の子はそういったのはないです。それから男の子、もっと違ってくることはない？中学2年、3年ぐらいになると、なんかエッチなものに興味を持たない？いまエッチなものに興味を持っている子はいない？あら、いないの、大丈夫、きみたち？

男の子は男性ホルモンが出てくると、エッチなものに興味を持ちはじめるの。たとえば、女の人の裸を見てみたいとか、エッチなビデオを見てみたいとか、エッチな本を見てみたい。それから、友だちどうしで雑誌を交換して、「絶対に親に見つからないように見ろよ」「オッケー」とか言ってね。かばんに入れて家に持って帰るわけ。自分の部屋に行って、はにかんでね、蛍光灯の灯りの下で見るわけよ。すると母さんが下から、「ご飯だから降りてらっしゃい」「おっ、ヤベエ」とか言って、ベッドの下に隠してそのまま降りていって、明くる日、忘れたまま学校に行く。するとお母さんが掃除機をかける、そして、ベッドの下まできれいにしようとすると、ビシッとそれが付く。お母さんが、うわっとビックリするんだけれど、これはあたりまえのことです。男性ホルモンが出てきたらエッチなことに興味を持つのは、これはあたりまえのこと、異常でも何でもありません。おとなの身体に近づいてきた証拠です。順調です。

集会で、この前こういうことを聞かれました。「先生、マスターベーションをすると、頭が悪くなるんですか。身長は伸びないんですか」と。いいえ、そんなことはありません。マスターベーションがいけないということはありませんよ。ただ、それは自分自身のプライベートなことですから、人に言うこともないし、強要することもできない。それは自分のなかでいいのです。エッチなことに興味を持ち、エッチなことを考える、これは心配いりません。お兄さんの身体に近づいて、ほんとにおとなの身体に近づいたら、それはあたりまえのことです。

ただ、ここは違うんです。あなたたちは、いまから雑誌を見たり、ビデオを見たり、いろいろなことに興味をもつでしょう。でもあなたたちがそれらから知ったことが本当だと思わないでください。

愛することは責任をもつこと

きみたちは、これから理性をはたらかせて、いま自分が何をしなくてはいけないか。どうしなければいけないかということを考えて、それを抑えていく力をつくっていかないといけない。これが思春期ですね、きみたちですよ。だから、自分の本能のままにやっていく、これは絶対に違います。

　さっき私は、親が命をかけて子どもを産んだと言ったでしょう。

　私の知っている、ある中学3年生の子が妊娠しました。その子は、学校にずっと来ていなかったんですね。もう妊娠して半年でしたから産むしかなくて、産むことになりました。彼女が自分で子どもを育てることはできません。だから、その子のお母さん、赤ちゃんのおばあちゃん、おじいちゃんが、その子を養子として育てることになったのです。

　これが中学3年、ちょうど春休みに妊娠がわかったんです。私が保健師さんと話していると、その子のお母さんが「母子手帳をください」と来たんです。母子手帳ってわかりますか。赤ちゃんができたら、その母子手帳に、いろんなことを記録していかなければいけない。生まれてからも、そ

　私は今日の話を聞いて、一人ひとりの命はとても大切なものだったんだなあと改めて感じました。私が3億分の1の確率で生まれてきたんだと思うと、とても嬉しくなりました。私たち一人ひとりの命は、お母さんが頑張ってお腹の中で栄養をくれたり、たくさん苦しんだりして育ててくれた命だから、自分で命を奪ったりしてはいけないと思います。だから、いじめられている人がいたら、助けてあげたいと思いました。お母さんが大事にしてくれたから、自分の体を大事にしたいととても強く思いました。友だちも、どんな友だちでも、その人のお母さんがその子を頑張って生んで、大切にして育てたのだから、どんなにイライラしたりしても、その子をたたいたりしてはいけないと強く思う。だから、私も将

の手帳は必要です。

「母子手帳をください」と言うから、私は、「あっ、お母さんが赤ちゃんを産む年齢ではないわね、誰の赤ちゃんの分がいるの、どなたの母子手帳がいるんですか」と聞いたら、「娘のです」と言うんです。「あらっ、お母さんの娘さんは中学生、今度高校でしょう。なんで?」と言ったら、「それが、妊娠したんです」と言うから、「わからなかったんですか」と言ったら、「いや、もう臨月なんです」。臨月ってわかる? 産む時。

その子自身はこうだったの、生理が半年に1回ぐらいのサイクルで来ていたから、妊娠に気がつかなかったらしい。お母さんは、その子が太ってきたと思っていたみたい。

その子に「相手は誰なの?」と聞いたんです。そうしたら言わないんです。「言ってごらん、相手は誰?」先輩でした。彼女は、もう産むしかありません。産みました。

でも、みんな考えて。もしきみたちの年代で赤ちゃんができたら、育てることができますか。赤ちゃんは2時間おきに泣きますよ、ミルクをあげなければいけない。オムツも替えなければいけない。学校に行っている時間はない、食べさせないといけないから働かなくてはいけない。きみたちのお母さん、お父さんは、そうやってあなたたちを育てたんだから。朝か

来子どもを生む時が来たら、頑張ってどんなに苦しくても生んであげたいと思うし、生まれてきた子どもに、今日先生が教えてくれた事を伝えてあげたいと思います。その子を何よりも大切にしてあげて、その子の意見もちゃんと聞いてあげたりして、しっかり親子でつながっていたいと思いました。

私はなかなか自分の言う事に反対をする親の気持ちがわからなかったけど、先生の話を聞くと、それは私のことを大切に思ってくれているからなんだなあと思う事ができました。本当にありがとうございました。これからも自分の命を大切にします。

（中学1年）

ら晩まで、「ギャアギャア、ギャアギャア」母さんは言うよ。あたりまえよ、命をかけて産んだんだから。あなたたちを幸せにするために言わなきゃ。ね、それはあたりまえのことです。

ただ、その子は、看護師になるという夢を持っていましたが、それをやめました。そして相手とは、結婚もしませんでした。いまその子のお母さん、要するに、赤ちゃんのおじいちゃん、おばあちゃんがその子を育てています。

私はその子に聞いたの。「あなたね、セックス、イコール妊娠ということを考えなかったの。どうして、嫌なものは嫌と言わなかったの」と言ったら、こうです。「だって先輩が、『自分のことが好きだったら言うとおりにしろ』と言ったんです。『自分の言うとおりにしなかったら別れる』と言った。私は、別れたくなかったから、嫌だったけれども、その先輩の言うとおりにした」と言ったんです。

私は、その子にこう言ったの、「それはね、あなたのその相手の彼は、あなたのことを本当に愛していないわね。本当にあなたのことを愛していたら、あなたの人生も、人格も、身体も全部愛せたはずよ。あなたのことを本当に愛していたら、自分がいま何をしなくてはいけないかということ、何をセーブしなければいけないかということを、ちゃんとわかるはず。あなたのことを、本当に愛していなかったんじゃないかしら」。

そんな話をしたんです。

ある子はこうでした、中絶をしました。中絶ってわかりますか。おとなになったら、赤ちゃんを産むか産まないか、それは選択できるんです。ただその子はこうでした。その子は高校1年でした。妊娠しました。その子は、相手がわかりませんでした、たくさんの人と関係を持ちましたから。彼女はどうしたか、中絶したんですね。みなさんは知っていますか。妊娠がわかって3か月までは、機械を使って3億のなかの1個の赤ちゃんを取り出すのです。

そして、4か月になると、その時はもう機械では、赤ちゃんを出すことができません。だから、お薬を使ってお産と同じように出します。その時期は、まだお母さんの体の外で赤ちゃんは生きていくことができません。日本の法律では、22週になって、お母さんの体の外で生きていけるようになれば、もう中絶はできません。だから産むしかないのです。

この時に、いいですか男の子、よく聞きなさい。女の子は身体も心もボロボロになります。もし、将来きみたちがステキな結婚をして、赤ちゃんを産みたいと思った時に、赤ちゃんと出会うことができなくなるかもしれない。

さっき私は、男の子にエッチなことに興味を持つ、エッチなことをしてみたい、いろんなことを考える、それはあたりまえのこと。でもそれを行動に移すことは違うんだよ、といったのは、こういうことなんです。本当にきみたちに好きな人ができたら、その人の身体も、人生も、人格もすべて愛する。いま自分がこのことをすることによって、どうなるのかということを、ちゃんと考えなければいけない。

それから女の子は、相手に嫌われるから言うとおりにすると言うけれど、とんでもない話です。嫌なものは嫌、ダメなものは、ダメ。きちんと断れる意志を持たなければいけない。これからの女性は、凛《りん》として、しなやか生きていかなければいけないのよ。いい。自分がいま何をしなければいけないか、どうしなくてはいけないか、自分をしっかりもって、考える女の子になってください。

若いお母さん、お父さんで、一所懸命子どもを生んで育てる人たちはいるよ。そういうお母さん、お父さんを私は応援をしたいと思います。でも、興味半分で、自分の欲求のためだけに相手を思い通りにする、これは違うんだということを頭の隅に入れておいてください。いいでしょうか。

だから、男の子はエッチなことに興味を持つ、それはあたりまえ。でも理性をもって、しっかりと抑えていく、このことが大事なんだということを忘れないでくださいね。

本音で言わなければ

私はいま、中学校、小学校をずっと回って講演しているんだけれども、九州のある高校に行った時、話が終わったあとに、こういう質問が出たんです。

「先生よかですか」「何ですか」。「先生はいま、親は命をかけて子どもを産んだと言った。じゃあ、その命をかけて産んだ子どもたちを、どうして殺すのか。どうして捨てるのか。

1時間30分の間、私たちに命についての大切な話をしてくれて、ありがとうございました。改めて、母さんや父さんがどのくらい私たち子どものことを思ってくれているのかを感じました。でも私は、そんな母さんや父さんを信頼することができなくなることがあります。できないというか、頼れないんです。私は小学校の頃、いじめにあってから小学校ではずっと本を読んでばっかりでした。そうやって自分の殻にとじこもって、人との関係を切ろうとしたんです。そうすれば自分の内まで知られずにすんで、いじめられることもなくなると思ったんです。いつも自分の性格は、みんなにきらわれる性格なんだなあーと思っていました。私のいいところなんて、一つもないんだ、と思っていました。よく、何で私って生まれてきたのかな、と思うこともありました。でも先生は、私たちのことを3億という多くの精子の中で、一番いいと選ばれた人物だと言ってくれました。すごくうれしかったです。私はいじめにあっていた頃、母さんや父さんにそのことを話すことができませんでした。ぜったい私の気持ちなんかわかってくれないと思ったからです。でも、先生が母さんや父さんは、心から私を愛してくれているということを私に教えてくれました。もし、またいじめにあったら、思い切って話してみようと思います。そして、なるべくみんなとも関わりをもとうと思います。3億分の1のいいところを持った、今まで私がかくしてきた本当の自分の姿で、みんなと一緒に生きていこうと思います。

（中学1年）

遠い所から来てくださりありがとうございました。お母さんがぼくたちを命がけで生んでくれてとてもうれしかった。熊丸先生のおかげで元気がでました。なぜかというと、ぼくはお母さんに怒られてばっかりで、きらわれているかと思い、不安でいっぱいでした。だけど先生の話の中で、お母さんがぼくたちに怒るということは、愛を込めて言っていることがわかった。だからお母さんから言われたことは、ちゃんと守りたいです。そして何より命は大切ということが改めてわかりました。3億の精子のうちの1つが赤ちゃんとなるからです。その中で、生まれたかったと言っている精子もいたと思います。だけどその中の1つの精子がぼくです。だから命を大切にして、その2億9999万9999を無駄にしないように幸せな人生をおくっていきたいです。先生ありがとうございました。

（中学1年）

どうして虐待するのか。自分も捨てられたんだ」と言いました。

「本当にあなたの言うとおりよ。でも、みんなこれだけは信じて。親は、子どもを虐待したいと思って、しているのではないの。親はみんな子どもを愛したい。でも、その親たちは、虐待する親たちは、子どもを愛せないの」

なぜかわかりますか。それは、その親自身が愛されていないからだと私は思います。人は愛されなければ、人を愛することはできないと思うのです。だから私は、その子に言ったんです。

「私が2時間かけて、きみたちに話したのは、もう10年もすれば、きみたちの中にお母さん、お父さんになる子もいるでしょう。その時に、本当に自分の子を愛する親になってほしい。そういうおとなになってほしい。そんな思いで私は、きみたちに話をしたのよ。私は、きみたちの人生の先輩です。先輩として、きみたちに伝えたいことがたくさんあるんです。それは、きみたちに幸せになってほしいから。そして、子どもだけではダメ、そのお母さん、お父さんにも、私たちは、いろんなことを伝えないといけないと思っているのよ」と話をしたんです。

私の話を聞いた中学2年の子はこう言ったの。「先生よかですか」「何ですか」、「先生はどがんして、そんなに一所懸命ニコニコとしゃべるとですか」と言うから、なんでそんなことを聞くのと言ったら、「僕のまわりには、そんなに一所懸命話してくれるおとながいない」と言ったんです。中学生のきみたちは見抜くよね。おとなが本音で言っているか、建て前で言っているか見抜くと思います。きみたちはすごいから。

次にこう言ったの。「僕のまわりには、そんなにニコニコと、穏やかに話しかけてくれる先生がいません」と言ったんです。会場にいた二、三人の先生が、パッと下を向きました。私は、〈ああ、いま先生方は笑顔が出せないくらいたいへんなんだ〉と思いました。だから、この先生方とも手をつないで、おとなは一緒になって、きみたちを支えていかないといけないなと思ったんですね。

比べるなら1年前の自分と比べる

講演に行くと、どんどん感想文がくるのよ。すごく面白い感想がいっぱいあります。中学生というのは最高。先生はきみたちが大好き。ほんとにステキよ。こういうのがありました。

「僕は14年間生きてきたけれども、こんなにしゃべる人は初めて見ました」とかね、「先生はなにか、大阪のおばちゃんのようでした」とか、「上沼恵美子さんに似ています」とか、「綾小路きみまろのようでした」とかね。それから、「オーラの泉の、男の先生みたい」とか、「女金八」とか、いろいろありました。でも、一番多かったのはこれです。

「僕は自分の命を大切にします。なぜかというと、3億のなかの1個だからです。消えていった2億9999万9999の精子に悪いから」と書いている子がいました。

それから、中学2年の男の子は、かわいかった。「母さん、父さん、ありがとう。僕を14年間、虐待せずに育ててくれてありがとう。これからも、虐待せずに育ててください」と書いていました。

それから中学3年の男の子は、もっとかわいかった。こう書いていました。「母さんは、すげえ」「母さんは、すげえ」「母さんは、すげえ」「母さんは、すげえ」「母さんは、すげえ」、5行。最後に一行、「父さんも、すげえ」。

もっとおかしかったのは、中学3年の女の子。「先生、私は知りませんでした。一日中、ギャアギャアわめく、あの母は、一体なに者なのかと思っていました。でも母は、ギャアギャア言う権利があります。なぜかというと、私を命に代えて生んだから」。

「朝から晩まで、親に、ギャアギャア言われている子は手を挙げて」。「いやあ、幸せだねえ」。知ってる？　きみの母さんは、ギャアギャア言ったあとに、すごく嫌な気持ちになっ

僕は、今日、熊丸先生のお話を聞きました。そして、そのあとでいつもガミガミ言っているお母さんが、給食にいつも出てくるにんじんくらい大切だと分かりました。それは、いつもじゃまだと思っているけど、いざという時にいないとさびしいからです。僕は、そんなにんじんみたいな両親を大切にしていきたいです。

（中学2年）

性教育講演会でいろいろなことを知りました。ときどきお母さんやお父さんから怒られて、二人とも要らんと思った時がありました。しかし、今日の話のなかで、自分は3億個の精子の中の1つであり、その中から選ばれ、お母さんやお父さんが苦労して育ててくれたことを知って、自分がバカらしくなり、思ったことに後悔しました。人はだれかの支えや助けで生きており、両親に愛され、両親はとっても大切な存在だと思いました。もう二度と、そういうふうなことを思いません。これからもたくさんの人に、このことを伝えてください。

（中学1年）

て、きみの寝顔を見て、ごめんねと謝っているのを。

親ってそうなのよ。叱りながら、もう嫌だ、こんなに叱る自分が嫌だと思いながら。それでも、きみたちが一番かわいく見える時があるの。それは、きみたちが寝て動かない時。すごくかわいいのよ。でね、きみたちの寝顔を見ながら母さんは反省しているの。「ごめんね、ガミガミの母さんで」。そして決意するの、母さんが。こういうふうに決意するの、「明日は絶対に優しくなる！」。

ところがごめんね、みんな、一晩寝たら忘れるの。だから朝からまた、ギャアギャア言う。これが母さん、ステキよね。母さんも順調よ。

そういうことを、私が話したものだから、ある子は、感想文にこう書いている。「先生、私は知りませんでした。朝起きた瞬間から、あの鬼のように、ギャアギャア言うあの母は、あれが趣味かと思い、あれがあたりまえかと思ったけれど、あのあと、私の寝顔を見て『ごめんね』と謝っているなんて知りませんでした。謝らなくてはいけないのは、私のほうなのに。今度は私が、母さんの寝顔を見て、『ごめんね』と謝

ります」と書いていました。

その子は、次にこう書いていたの。「先生、私は今日すっきりしました。私は自分が嫌でした。イライラする自分、ムカツク自分、ありがとうが言えない自分、笑顔が出ない自分、いい子を演じる自分、自分が全部嫌でした。でも先生は、それも思春期の特徴だと言ってくれた。うれしかった。先生が言ったように、それをクリアした時、母に『ありがとう』と言いたいと思います」。

長崎のある男の子は、こう書いていました。「先生、僕のことを覚えていますか。前から5番目の、面白くなさそうにしていた僕です」。私は覚えていたのです、その子は、ずっと下を向いていたの。でもこう書いていました。

「僕たちはこれまで、つまらない講演を何度も聞かされてきました。今日もそうだろうと思って下を見ていました。でも今日は違いました。何度感動したかわかりません。何度頭を上げようと思ったかわかりません。チャンスがありませんでした、ごめんなさい」

ある子は、こう書いてくれました。「先生、僕は先生を見てびっくりした。おとなはみんな、僕たちを否定するものだと思った。でも、先生は僕たちを肯定してくれた。『きみたちのやることに無駄がない』と言ってくれた」。

そうだよ、きみたちがいま経験していることは、全部生きる力につながるんだよ。悲しいことも、つらいことも、楽しいことも、叱られることも全部経験。これは生きる力になるの。人間のやることには、無駄はないのよ。全部生きる力になるのだから。

その子も、こういうふうに書いていました。「いま自分がやっていることは無駄ではない。全部生きる力につながると言ってくれた先生、ありがとう。そして、自分らしく生きろと言った。女らしく、男らしくではなく、自分らしく生きろと言った。横の子と比べるなと言った。比べる時は、1年前の自分と比べろと言ってくれた」。

そうなのよ、友だちと、きみは違うのよ。だから、横の子と、きみを比べるのではなく、クラスのみんなと比べるのではなく、きみは、1年前のきみと比べれば、ちゃんと成長しているから。きみも、きみも。半年前のきみと比べてごらん、ちゃんと成長しているから。そうだよ、だから絶対に横の人と比べてはいけないの。みんな違うんだから。手のかたち、足のかたち、性格、みんな違ってあたりまえです。同じ人間なんかいない。違うから、ステキなんだから。比べてはいけない。だから、その子は「比べず、自分らしく生きていきます」と書いていました。

それから次に、「先生は今日の授業のなかで、僕たちに12回ステキという言葉をくれた。先生ありがとう。おとなはみんな、僕たちに命を大切にしろと言う。どのおとなもそう言う。でも僕は、その言葉が胸に落ちなかった。でも先生が、『きみたちはステキだ』と言ってくれた、その言葉のほうが、僕の胸に落ちました」。そう書いていました。

最後に女の子は、「先生、私には母がいません。母は、小さい時にいなくなりました。父と2人で暮らしています。私は自分が嫌です。勉強はできないし、美人でもないし、みんなに嫌われる。性格も暗い。だから、自分が嫌でリストカットをしています。何度死のうと思ったかわかりません。でも先生は今日、私を見て『あなたの笑顔はステキ』と褒めてくれた。うれしかった。ちょっぴり自分に自信が持てました。頑張ってみます」と。そして「先生、今日から私は、母を恨むことをやめます。なぜかというと、母は、私を置いていなくなったけれども、私を産む時に、命に代えて愛してくれた、産んでくれた、そう信じたい」と書いていました。

成長の階段

子どもたちは愛されて、そして幸せになるために生まれてきたの。ただ、おとなになると、いろんなことがあります。お父さんとお母さんが離婚する家庭、お母さんが病気で亡くなる家庭、お父さんが事故で亡くなる家庭、いろいろあります。

きみたちのお母さん、お父さん、まわりにいるおとなたちも、完璧ではありません。また、完璧になることはないよね。私は、親というものは、おとなというものは、完璧じゃなくていいと思っています。

きみたちもそうよ。足りないところがあるから、いろいろ補ってもらえばいいんだから。

今日はいろんな話を聞いて、奇跡的に今、自分が生きていることの素晴らしさを学びました。私は、お母さんがいなくて、ときどきお母さんがほしいなと思う時があります。どこかにいるお母さんに「生んでくれてありがとう！」と心から言いたいです。それと、お父さんにも感謝したいです。お母さんがいなくても、これからも頑張っていきたいと思います。今日はありがとうございました。

〈中学1年〉

そう思っています。完璧で立派な親は、子どもにとって、きついものがあるのではないかなと、最近思うんです。頑張れ、頑張れ、頑張れと言われ、きみたちは高速道路を走っているような気がします。急げ、急げ、頑張れ、頑張れ、急げ、急げ。だから疲れたら、サービスエリアに寄って、ちょっと休憩を取ってみたい。お茶を飲んで、また元気を取り戻して走っていきたい。それが不登校であったり、引きこもりであったり、リストカットなのかなと思います。不登校の子は、行きたくても行けない。とてもきついんですよ。

私の教え子でね、不登校で学校へ行けなかった子がいるの。いま元気に働いているのだけれど、彼女は3年間、学校に行けなかったの。私のピアノ教室へ来ていました。彼女はこう言っていました。「先生、行きたくても行けないんだ」。でも、彼女はそのあと自分の考えをもち、自分らしく生きていきましたよ。保育士になりたいという夢を持って、通信の高校、大学をちゃんと受けました。彼女はいま、とてもステキに成長していっていますよ。

子どもって、抱かれる量、見てもらう量、かかわってもらう量、愛される量が決まっている。それが足りなかったら、中学になっても、高校になっても抱かれようとする。これはあたりまえのこと。異常でも何でもないと私は思うのです。

私が知っている28歳のお姉さんは、いま抱かれようとしています。彼女は、ゼロ歳から4歳まで虐待を受けていて、抱かれたことがないんです。だからいま、28歳で入院しています、摂食障害、拒食症で。

食事が終わると、必ず看護師の詰め所に行って、看護師の膝に抱かれて寝るの。抱かれるという行為を、もう一回やっている。でもそれだけでは、その子は治らない。だからどうしているか、食事、カウンセリング、薬、ミーティング、散歩、それでもまだダメなんです。抱かれて、添い寝をしてもらって、一緒にお風呂に入って、きみたちが小さい時にやってもらったことを、もう一回やり直しています。人は、もらっていないものを、もらいに来ていいのよ。

きみたちは、一段、一段と成長の階段を登っています。もし、2段目を踏んでいなかったら戻って来ていいんです。3段目を踏んでいなかったら戻って来ていいの。

ある中学校で男の子が自殺しました。親に言えなかったのか。なんで親に言えなかったのか。言いたくても言えないのよね。この時期は、おとな、子どもを繰り返すんです。モヤモヤする、これが思春期よ。あの子はきっとこうだったのではないかと思います。親に心配をかけたくない。だから、自分で処理しようとした。強い自分にならなければいけない。だから、自分で解決する、弱い自分を見せたくない。いじめられていることを親に言ったら、自分の弱さがわかる。親が心配する、だから隠そう、自分で解決しよう。

違うよ。きみたちは、まだ子どもです。親に心配かけていいのです。自分一人では解決できないことがたくさんあるの。だから、いいですか、悩みがあったら、必ずだれかに相談する。親以外の人も助けてくれるの。言っていいの。そのためにおとながいるんだから。

きみたちはまだ14年しか生きていない。私たちおとなは、きみたちの2倍3倍生きている。だから解決方法だってきっと、2倍3倍あるから。きっとあるから。

どうせ、言ったってダメ。いいえ、ダメなことはありません、言ってください。命を捨てるなんて、とんでもない話です。きみたちは3億のなかの1個ですよ。選ばれて生まれてきたの。自分の命を捨てるなんて、絶対にいけません。何か悩みがあったら、遠慮なく相談していいの、子どもだからいいのよ。おとなだって相談しますよ、私たちだって。そして、完璧になることはない。弱くていいじゃない。弱い自分が、なんでいけないの。もし友だちが「死にたい」と言ったら、「ダメ！」ととめてあげてくださいね。

親がそれを迎え、それに向かいあった

さっきも話しましたが、不登校というかたちで階段を降りて来た子がいました。高校2年生の彼女は、第一子です。弟と妹がいます。この子を私は小学校の時から見ています。あっけらかーんとした子です。本当に何も悩みがないのかしら、と言ってたくらいの子です。何を言ってもケラケラ笑

う、見た感じはいつも、元気なんです。ところが高校に入ってすぐ不登校になりました。「先生、私、学校に行ってないんだ」「えーどうして？」「おなかが痛くなっちゃうんだ」ってあっけらかーんとして言うんです。「なぜ痛くなるの？　病院行った？」「うん、行ったよ」「なんて」「うん、胃が悪いって薬くれた。でも本当はそうじゃない。行こうとすると痛くなるんだ」「何で痛いか、原因わかるの？　どう痛いの？」って聞いたんです。その子がポツンと「さみしい」って。「さみしいの？」「うん、さみしい」「だってお父さんもお母さんもいるじゃない。先生もいるじゃない」って私もケラケラって笑いながら「なんでさみしいの、さみしいことなんかないじゃない」って。「どうしてもさみしいんだよ、私」「どういうふうにさみしいの？」。

そうしたら彼女、小さい時のことを言い出したんです。「うちの親はね、弟と妹ばかり見てるんだよ。2人がサッカーやバスケットしてるから、私がちっちゃい時から弁当だけ作っておいて行くんだよ。試合が土・日にあるからいつも家にいない。家に帰ってもひとりだよ。さみしいんだよ。さみしいんだよ」「じゃ、さみしいと親に言えばいいじゃない」「言えないよ、だって私は元気でいるのが私だから言えないんだ」「言いなさい。言っていいんだから」「いま言っちゃダメなんだ」「どうして」「いま、お父さんとお母さんとってもたいへんな状態で、お母さんはいつもイライラしている。私がもしこれを言ったらお母さんがもっと苦しむかもしれないから、言えない」「いいえ、言いなさい」「言えない」。「いいから、言いなさい。親はね、元気な子どもの姿を見るのが一番うれしいんだから。

言っていいから、私があとはフォローしてあげるから言いなさい」。すると彼女が「頑張って言ってみる」って言ったんです。

次の週にニコニコして来ました。「先生」「どうしたの？　さみしいって言ったのね」「言ったよ」「親は何て言ったの」「うちの母さんバッカみたい」、うれしそうに言うのです。「私がさみしいって言ったら、母さん会社休んだよ」。うれしかったんですよ、私のために会社を休んでくれた。「で、何をしたの？」「そうじをした、お昼を一緒に作った、買い物に行った、楽しかった」「よかったね」。

次の週から、彼女は少しずつ学校へ行きだしたんです。それでもときどき休みます。またある時から、行かなくなった。「なんで？」。そしたら「先生、ここモヤモヤする。モヤモヤが治る薬はないの？」「どんなふうに胸やけがする？」「違う、キャーッと叫びたい」「それじゃ叫びなさい」「先生にじゃないんだ、親に叫びたい」「何て言いたいの？」「私の方をもっと見てって言いたい。どうして母さんは弟や妹ばっかり、ちっちゃい時からのことを全部言いたい」「そしたら、思いっきり言えるように私がその場をつくってあげる」。

私の所にお母さんと女の子を呼んで、3人で話したんです。彼女はお母さんがいるのに、わざと私の方に言うんです。「先生、うちの親はね、弁当だけ作って私をおいて弟や妹の方に行ったんだよ、ずーとだよ、一回も大丈夫？　と聞かなかったんだよ」。

私が「あっそうなのお母さん？」「ううん、違うの。私はね、作って行く時心配だったのよ。この子に言ったら大丈夫って言ったのよ。だから私は安心して行ったの」ってお母さんが言ったら、彼女「違うよ、私はそう言わなきゃいけないと思ったから言ったのよ。母さんはそんな私の気持ちをわからんでー」とギャーと言い出したんです。お母さんも泣きだして「あんたは親の気持ちもわからんで」。「お母さん、親にならなきゃ親の気持ちはわからないよ」と言ったんだけど。

「先生、私もね、この子のことを心配しなかった日はない。ごはんを食べよるか、どうしよるかって思いよった。でも先生たちがいるから大丈夫だと甘えていた。この子がさみしいってひとことも言わなかったから」とまたギャーと言ったの。

私がお母さんと彼女の間に入って「お母さんもあなたもお互いのこと思っているけど、表現するのが下手なのよ。わかる？　お母さんね、私みたいにうまく表現できないから言えないけど、心の中、わかったでしょ。いま、あんたのこと、本当に認めてたのよ。あんたのこと、ほんとに心配してたのよ、大切なのよ」。

「お母さん、悪いけど今夜は一緒に寝てあげてよ」って言ったんですね。「寝てやって」と言ったら、彼女が「気持ちわるーい」とテレながら言うんですよ。お母さん偉かったですよ、彼女をギューっと抱きしめながら「よし、一緒に寝よう！」と言ったんですよ。

その時、お母さんが口でなく、目で訴えるんですよ。＜先生、うちの子、明日から学校へ行くでしょうか＞。「お母さん、心配いらない、明日から学校行くわ、ね、○○ちゃん行くわね。お母さん、○○ちゃんを叱ってやってね、褒めてやってね、見てやってね、かかわってやってね。○○ちゃん、明日から学校行くわ」。

今日、みつ子先生の話を聞いて、私たちは3億の中の1人ということを知りました。だから、みんなの分も生きないといけないと思いました。赤ちゃんの時から親は頑張って14年間育ててきたと思いました。人それぞれの生き方や個人差があるということ、だから人と比べてはいけないこと、比べるなら1年前の自分と比べてみることです。今日は忙しいなか、私の学校まで来ていただいて、ありがとうございました。楽しかったです。

（中学2年）

私は講話と聞いて、とてもつまらないだろうと思っていました。でも今日の熊丸先生のお話はとても楽しく、そして命というものがどれだけ大切なものかということがわかりました。「一人ひとりがちがっていてあたりまえ」。その言葉がとても心に残っています。私は自分の性格が嫌いです。というより、自分というものがときどきイヤになることもあります。でも、これが自分なんだ！と自分を認められるようになりたいと思いました。

（中学3年）

私は、今日熊丸みつ子先生の話を聞いて、この先生は、親の気持ち、子どもの気持ちをちゃんとわかっている先生だと思いました。そして、先生の話はとてもおもしろくて、聞いていて全然あきませんでした。また〝自分〟という大切さ。子どもからおとなになる時の体の変化、子どもをつくるということ、とても勉強になりました。そして、みんな「順調ですね」「すばらしい」と言われてうれしかったです。こんなにも自分たちのことをわかってくれている先生がいるということが、とてもうれしく思いました。これからは自分のことをわかって相手の気持ちも考えたいです。そしてもっと相手のことをわかってあげたいです。

（中学2年）

サラーッと言ったんです。次の日から学校に毎日、毎日休まず行ってます。彼女は階段を一瞬にして下りて来て、不登校というかたちで出したんですね。

親がそれを迎え、それに向かいあった。そして、それを支えたのは親だけではなく、私というおとながそこにいて、支えていた。

子どもたちは抜け道がほしかったんです。いまの子はきついと思います。抜け道がないんだから。いい子でいろ、いい子でいろ、頑張れ、頑張れ、頑張れ。いっぱい頑張った子がきつくなるのはあたりまえですね。

自分を肯定していく

いじめの問題が、いまクローズアップされています。私は3年前に、お母さんを対象にした講座に行って講演をした時に、あるお母さんから、こう言われたんです。「先生、私は小学校の教師をしていました。いまは辞めて、福祉活動をしています。学校では、間違いなくいじめがあります」。そうよ、集団があれば、いじめというものが発生します。でもそれを、いいとするのではなくて、それがいけないんだということを、おとなたちは伝えていかなければいけない。

ところが、そのお母さんはこう言いました。「鼻が出ていたら、汚いといっていじめられるんですよ、学校では。グズグズしていると、グズ、グズ、といじめられる。勉強ができなかったら、バカだと言われる。背が低かったら、チビだといってバカにされる。だから私は、わが子がそんな目に遭わないように、鼻が出ていたら、すぐに自分でかむ訓練をさせています」。「勉強ができなかったら、バカにされるから、いまから勉強をちゃんと教えています。何でもかんでも、さっさとできるようにやっています。こうやって、いじめに遭わないように、私は親として、この子を守っています」と。

私は、そのお母さんにこう聞いたの。「お母さん、いじめられないために、そうやってるの？」と言ったら、「そうです」と言うの。「お母さん、それは違うよ。お母さんがそういうふうに言うということは、いじめを肯定していることよ。いじめに原因なんかはない。いじめ自体がいけないということを、どうして子どもに伝えないんですか」。

いいですか、足が速い子と、遅い子がいる。足が速いからいい、遅いから悪い、違うよと。きみたち、ほらマラソン大会があるじゃない。トップを走っている子、すごいよね。頑張っているよね。でも、最後まで走っている子、あの子もすごいよ。最後を走るのは、ほんとにつらいし、勇気がいるの。でも、最後まで走る。私は、そのトップを走る、3番を走る、5番を走る、みんなそれぞれすごいと思う、でも、最後に走ったこの子は、ほんとにすごいと思うね。そういった伝え方を、私は子どもにしたいと思っています。

絵が得意、上手な子はステキよ。でも、絵が下手だからってショックを受けることはない。自分の気持ちを表現すればいいんだから。

歌が下手、いいえ、自分の思いを声に出して歌えばいい。音が外れていても、そんなことは、全然気になりません。心配いりません、みんな違っていいし、比べることもない。自分だけがダメではありません。そんなことを考えないでください。

そのお母さんに、こう言ったんです。いじめを肯定することは、おかしいですよ。もし鼻が出ていたら、「やーい、鼻が出てる、鼻が出てる」、そうやって、その子をからかう子に育てるのか、鼻が出ていたら「鼻が出ているよ」とティッシュを渡す子に育てるのか。私は、そういう子になってほしいと思いますよと、そのお母さんに話しました。

いじめられる子にも原因がある、と言うおとながいます。いいえ、いじめに原因なんかないのよ。いじめ自体がいけないんだから。このことを、私たちは子どもたちに伝えていかなければいけないと思っています。もし、このなかで、お友だちをいじめている子が、いまいたら、今日、いますぐ謝りなさい、「ごめんね」って。「ごめんね」って謝る、そこからよ。これはとても大事なこと。

私は、いじめをしている子を見ていると、この子（人）たちは満たされていない。ほんとにかわいそうね。自分に優しさがないから、人をいじめることによって、自分を満たしていく。こんな悲しいことはありません。満たされている子はいじめはしません。そう思います。いじめている子たちを見てごらん。ほんとに精神的に満たされていないし、ほんとに優しさを持っていない、私は、そういうふうに思います。いじめられている子のつらさがわからない。

じゃあ、その子たちがいけないのか。いいえ、だからこそ、その子にも、あなた自身がステキなのだということを、一人ひとりがとても大切な存在なのだということを伝えていくことによって、自分を肯定できるようになっていくのです。

この時期、きめ細かく大切に育てられた子は、自分の命も、人の命も大切にできるのではないかと思います。この時期、粗末に育てられた子は、自分の命も、人の命も粗末にするのではないかしら。いま事件を起こしている子たちは、本当に、粗末に育てられている。それは子どもだけの責任ではない。いろいろなことを伝えていないおとなの責任だと思います。

しっかり愛される時期に、愛されていない。べたべたされていない、見てもらっていない、かかわってもらっていない、叱られていない、何がよくて何が悪いか伝えてもらってない、きついんだろうなと思います。

だから、その子たちを責める、その子たちに罰を与える、このことも必要な時があるかもしれない。でも、その子たちに、きみ自身がステキだよということを、伝えていかないといけないのではないかなと思います。自分が満たされて、はじめて他の人を大切にできるのではないでしょうか。

いじめ自体がいけない。私がこういう話をしたら、つい先週、感想文が届きました、中学2年の女の子から。

「先生、私は、中学1年のころから、ずっとある女の子をいじめていました。いまは少し仲よくなりました。先生が言ったように、いじめられる子はきついと思います。でも、いじめている時、私自身もきつかったんです。いじめている時も、いじめたあとも、いまもそのことを考えると、ほんとにきついです。先生、今日すっきりしました。私はまずその子に、『ごめんね』って謝りたいと思います。そして空っぽのタンクの中に優しさを入れていこうと思います」

この子は、ステキよね。ちゃんと「ごめんね」ということが言えて。「ごめんね」「ありがとう」が言えるということは、とてもステキなことだものね。

きみたちは、みんな一人ひとり違います。隣の子だって、3億のなかの1個なんだ。隣の子だって、お母さんが命に代えて産んだ子なんだということを忘れないでください。

信頼できるおとなだからこそ

私は、ある中学校に呼ばれて講演に行きました。校長先生から電話がありました。「先生、うちの子どもたちは、自分を大事にできない、肯定できない。だから、一人ひとりがとても大事だということを教えてほしい、話してほしい」ということでした。

校長室に行きました。校長先生が私に、「先生、せっかく来てもらったけれども、一つ困ったことがあります」って言うんです。「うちの生徒たちは、話を聞かないと思います」

と言うのです。一瞬思ったの、〈聞かないなら呼ばないでよ〉と。「いや、聞くと思いますよ」と言ったら、次に校長先生が「6人ほど困った子がいます。この子たちが奇声を発して、邪魔をして、大声を出して走り回るでしょう。その時は、どうぞ遠慮なく叱ってください」と言うの。

もう、ドキドキ、ドキドキして会場へ行ったの。私は、6人を早く見つけたかったの。6人はどこかな、6人はどこかな。入ったら、6人だけじゃないの。もっとたくさんいるの。とにかく子どもたちが真っすぐ並んでいないんです、横に並んだり、寝っ転がったり、円陣を組んだり、すごい状態だった。入った時に、あら、6人だけじゃないわと思って。でも、確かに先生は6人と言ったので探したの。いました、6人。わかりやすかったよ。なんでわかりやすかったか、髪の色を変えていました。そして円陣を組んでいました。そのまわりを先生が3人、ガードしていました。逃げないように。

あの子たちかなと思っていたら、「熊丸先生どうぞ」と校長先生が言ってくれたから会場に入ったら、その6人が、私に何と言ったと思う。私に向かって、「オッス！」って言ったのよ。ビックリしたの。でも、その「オッス！」と言った声と雰囲気とその表情が、アンバランスでかわいかったの。だから「オッス！」って返したら、その6人は「あん!?」。

私のことを脅そうと思ったみたい。私が逆に「オッス！」ってやったもんだから、ビックリしたみたいね。私はマイクを持って、その6人に言ったの、「ありがとう」って。「私は、ここにドキドキして来たの、でも、きみたちが『オッス！』って言ってくれたからうれしかったわ。ほんとにどうもありがとうね」と言ったら、その6人は、どうしたと思う？　パッと立って後ろの全校生徒に向かってVサイン。「イエイ」と、やったのよ。

　そのなかの一人が、ほんとに話を聞くのが上手なの、きみたちのように。だから、その子を褒めたの。いやあ、きみは話を聞くのが上手。だから、私は一所懸命きみに話をするよと。その子はうれしかったみたいよ、褒められて。でも、きつかったみたい。褒められたばっかりに、2時間のあいだ、ずっと正座していたから。

　それからね、一番前に座っている子は、ニコニコしているから、「いやあ、きみの笑顔はいいね」と言ったの。「きみは14年間、母さん、父さん、おじいちゃん、おばあちゃん、先生にも笑顔をもらった。だから、こんなに笑顔がステキね」って言ったら、その子はこう言ったんです。「先生、俺、親いねー」。

　私はその子に「あっ、きみが忘れているだけ。きみは生まれた時、間違いなく母さん、父さんに笑顔をもらった。だから、こんなに笑顔がステキなのよ」と言ったら、その子もうれしかったみたい。でもきつかったみたい、2時間ずーっと笑っていましたから、笑わないでいいところも。目が合うとニコニコするんですよ。

　それで、今日のように2時間話しました。終わったら、教頭先生が、「何か質問はないか」と言ったら、その子がパッと手を挙げたの。そうしたら教頭先生が、「ほかにないか」と言うの。先生、「この子は手を挙げています」と言ったら、「あっ、えっ」と、指したの。

　その子はね、いまでも忘れない、私にこう言ったの。一番うれしい感想でした。ひとこと、「先生、俺、先生好きです」と言うの。わかる？　この好きですという言葉のなかに、こういうことを言いたかったのよ、きっと。「僕の笑顔を褒めてくれてありがとう。僕に声をかけてくれてありがとう。僕の知らない、父さん、母さんのことを教えてくれてありがとう」。これが好きです、に変わったんでしょうね。

話のあと、私は会場を出ようと急いでいたんです。その6人のうちの2人が、もう廊下で担任の先生に叱られていました、リラックスしながら。その横を通りながら、「あっ、さっきはありがとうね」と言ったら、その2人はパッとこうしたの、「ハッ！」（敬礼！）。勉強頑張ってという雰囲気ではないものだから、「身体に気をつけて」と言ったら、この2人、「ハッ」。「急ぐから、ごめんね、先に帰るからね」って。この2人、また「ハッ」「失礼します！」と敬礼してくれました。

すごいと思わない。そうしたら、担任の先生はうれしかったみたいね、その子の頭を「よかったな、よかったな」、どついているわけ。そうしたら、その2人、私には「失礼します」と言ったのに、その担任には「うるせえ」とだけ言うの。

私にはわかったの、あの子たちは、私には甘えられないということがわかっているの。この担任の先生には甘えられる。だから、煩わしさを出しているのね。子どもたちは、信頼しているおとな、親には、煩わしさを出します。だから、先生や親がイライラする。これは、ほんとに幸せなことだと私は思います。

話が終わったあとに、教頭先生、校長先生、ＰＴＡの会長さん、担任の先生方とお茶を飲みました。その担任の先生に言ったの、「先生は幸せですね。あの子たちから１００パーセント信頼をされている。だから、煩わしさをもらうんですよ」と言ったら、その男の先生、コーヒーをひと口飲んで、いまでも忘れません、「ゴックン」しながら私にこう言うんです。「熊丸先生、信頼されるちゃあ、きついもんですな」って。そうよ、きみたちは、信頼している親には、煩わしさを出すし、イライラさせます。順調よ、きみたちは！

さっきの、階段を下りてくるという話の部分にいくと、上の子は、べたべたが上手じゃない。きみたちも、べたべたの量が足りないと、べたべたしたいと思う時がない？　していいのよ。心配ないから、べたべたしなさい。きみたちは思春期がきて、おとな、子どもを繰り返すから、べたべたしてもらいたい、見てほしい、かかわってほしいと思っていても、それを表に出せない。だから「見るな」「見るな」。あれは、見てということよね。違う？　「聞くな」、聞いてということじゃない。「触るな」、触ってということじゃない。中学２年、３年ぐらいになると、「運動会に絶対来ないで」「絶対来ないで」「絶対来るな」と言いながら、運動会が始まると、どこにいるかなと探す。これが中学生。中学生って、ステキよ。ちょうど、子どもとおとなの間。揺れ動きます。心配いらない。もう少ししてごらん、これも落ち着いてきます。

いま、きみたちはムカツク。なんでイライラするかわからない。なんで、モヤモヤするかわからない、と言う。これが思春期よ。ステキと思わない？　この時に自分を責めないで、自分がダメなんて思わないで。いい子を演じる自分が嫌。いいじゃない。私は、その

子、その子でステキだと思いますよ。だから、まず自分を好きになってほしいなと思いま

先生の講演会はとても大好きです。私は毎日がいやでした。学校なんてつまらない。友だちといる時だけが楽しくて、家に帰れば「勉強しなさいよ」と言う毎日必ず一回は聞く言葉。でも、今日の講演会でそんな風に思うのは当たり前と言われ、とても心が軽くなりました。3億の中から選ばれた、たった1個の種が私。そう考えると、今までどうでもよかった毎日が、〝残りの消えていった種に失礼だな〟と思いました。私には、何のとりえもないように思うけれど、先生のおかげで見つけられた気がします。本当にありがとうございます。先生は5年生の時に、いい先生に出会えたと言ってましたよね。私にとって、そんな先生は熊丸先生だと思います。楽しくて、明るくて、いつも笑顔で話してくれる先生は、私のあこがれです。私はおとなになったら先生のような人になりたいです。また来て下さると、とてもうれしいです。本当に今日は、ありがとうございました。

（中学1年）

ぼくは今日、生まれてよかった、と思いました。

（中学2年）

5時間目が始まる時に「ああーまた講演会かあ」と思って5時間目を迎えたけど、熊丸先生の話を聞いて考えさせられました。私は、自分がとてもきらいでした。みんなにできることが私にできなかったりすると、とても自分がきらいでした。でも先生が「ステキ」とたくさん言っていて自分に自信がつきました。もうひとつは、私は母親があまり好きではなかったです。いつも他人と比べられ、ガミガミ言われていやだなと思っていたけど、それも自分が成長していくなかで必要なステップなんだとわかって、命を無駄にしては、一番悲しむのは、今ガミガミと怒ってくれている両親なんだなと実感しました。

（中学1年）

す。そして、隣の子を好きになってほしいなと思いますね。

親に叱られたかった！

私が今日のように、ある学校で話をしていると、途中で一人の女の子（18歳）が「先生、ちょっと保健室に行ってもいいですか？」って言うの。見ると泣いているのです。前から少し気になっていた子でした。「どうしたの？　おなかでも痛いの？」と聞くと、「大丈夫です。少し気持ち悪いだけです」と。彼女が出て行ったあと、「大丈夫かしら？」とクラスの子に聞くと、「先生、大丈夫だよ、何か思うところがあったんだよ」「今日の話が胸にズシンときたんじゃない」などの声が返ってきたの。授業が終わって、私は心配だったので、保健室に行って「大丈夫？」と声をかけると、「ハイ！」と返事しました。

私は、彼女の顔を見て安心したのだけれど、その子が私に聞くのよ。「先生、リストカットって、いけないことですか？」。「自分を傷つけても、何も解決しないよ」と答えると、その子は、私に「先生、いま私、リストカットしています」と、手首を私に見せるんです。「どうしてリストカットするの？」と聞くと、「何度も何度もやめようと思ったけど、やめられない。自分がイヤでイヤでたまらない。何でかわからないけど、やってしまう。弱い自分が本当にイヤだ、みんな私のことを変だと思ってる」と泣くんです。「あなたは変じゃないよ、かわいいし、ステキじゃない」とほっぺを触ってあげると、うれしそうにニコっと笑ったの。その笑顔がとてもかわいかったので、「うそじゃないよ、本当にかわいいわよ。こんなステキな自分をもっと大切にしなくちゃ、強くなることないんじゃない、いまのあなたでいいんじゃない」。そう言うと、「先生、次は授業ちゃんと出ます」。そして、私に確認するように、「先生、先生がいま私に言ったことって、それ私への同情ですか?」。「違うよ、本当のことを言ったのよ」と答えると、彼女は私に話しはじめたのです。お母さんがいないこと、小さい時に虐待を受けていたこと、友だちにいじめられていたことを。優しい言葉をかけられても、優しくされても、その人を信じられない。そんな自分がとてもイヤだと。

その次の週、彼女の姿はありませんでした。次の週も教室で彼女の姿を見なかったので、休みかなと思っていたの。ところが、いたのよ、玄関の所に。「あっ、来てたのね。どうして教室に来ないの?」と聞くと、「うん、ちょっと」と言いながら、帰って行く生徒たちの中にクラスメートを目で探しているのよ。そして、クラスメートを見つけると「やあ!」「やあ!」とうれしそうに、笑顔を振りまいているの。人を信じられないと言った彼女は、本当は、人を信じたい、だれかに見てほしい、かかわってほしい、愛してほしい、叱ってほしいと思っている、そのことが、その後の彼女を見ていて、わかりました。

一か月後、彼女は明るくなっていました。クラスメートとキャアキャア楽しそうに騒いでいました。そして、私を見ると「先生、私、一週間リスカしてないよ。えらいでしょ!」。

まるで、小さな子のように無邪気に言うのです。そして、「あの子が、私の大切なものを取るのよ！」と、またうれしそうに言うのです。何を取るのだろうと見ていると、カミソリでした。「先生、こんなもの持っていちゃ、ダメだよねえ」

カミソリを取ったその子は、捨てに行きました。そのことも、彼女はうれしかったようです。私も本当にうれしかったですね、彼女にかかわっているクラスメートがいるということが。

授業中、彼女は「先生、ちょっと出て行っていいですか？」と言いました。私が「えっ！」と言うと、クラスメートたちが、「ダメ、ダメ」。彼女は、その「ダメ、ダメ」が本当にうれしそうでした。クラスメートがしっかりと彼女を支えている、ジーンときました。

私がかかわらなかった一か月の間、何があったかわからないけれど、クラスメートや先生に支えてもらいながら、少しずつ自分の踏んでいない、もらっていない成長の階段を、もう一度踏んでいるんだと思いました。会うたびに彼女は元気になっているように思います。人を信じ、自分を大切にできる、そんな日が必ず来ると私は思っています。

ある別の18歳の女の子は、ダイエット、クスリ、リストカットをくり返しています。その子も、成長の階段を踏み直しています。見てほしい、かかわってほしい、その思いを自分の身体を傷つけながら、まわりに知らせているのです。早く元気になりたい、元の自分に戻りたい、いつも彼女は言います。

彼女がリストカットをくり返し、クスリに手を出した時、私はすごい勢いで彼女を怒っ

たことがありました。その時の彼女の言葉を、いまでも忘れることができません。「先生、私、今日のように、親に叱られたかった。先生、私もう、いい子を演じるの疲れたよ。本当の自分を出したい！」と。

「でもね、先生」と。「親は私にこう言う、『強くなれ。強くなれ。強くなれ』と言う。私は強くなれない。どうやれば強くなれる」と、その子は泣きました。私はその子に言ったんです、強くなることはないと。あなたのままでいいんだからねと、私はそういうふうに話したんだけれども。

きみたちは、きみたちそれぞれがステキなんだということを忘れないでください。彼女は、保育士になるという夢を持って、また頑張ると言っています。それを、私は支えたいと思っています。

命を伝え、笑顔を伝え、優しさを伝え、生きる

奈良の16歳の少年が自宅に火をつけました。弟と妹、お母さんが亡くなりました。あの時に、彼はこうだったんではないかしら。勉強することが、お父さんに愛されることだと思って勉強を頑張った。悪い点を取ることが怖かったんじゃないんです。悪い点を取ることによって、お父さんから嫌われることが怖かったの。だから彼は、ほんとだったらしな

いはずの、ちゃんとその土台を踏んでいないから、火をつけてリセットして、昔に戻りたかった。この場から逃げたかった。

あの事件が起きた時に、彼は「母さん、弟、妹にはかわいそうなことをしたけど、火をつけたことは悪いと思わない」と言いましたね。

そして、お父さんが手記を出されました。「あの子を追い詰めたのは自分だ。ごめんな。父さんがおまえを追い詰めた。これから一緒に償っていこう」と言った時に、あの少年は泣いて、こう言ったそうです。「父さん、僕が悪かった。僕が悪かった」。あの子は、その時、初めて愛されたことを感じ取ったんですよね。きっと、子どもたちは、見てほしい、わかってほしい、かかわってほしい、知ってほしい、叱ってほしい、抱いてほしい、愛してほしい、と思っている。これが子どもたちだろうと思います。

きみたちはこれから、自分の階段を登って、下りてきます。遠慮なく下りてきてください。下りてきた時には、先生が、親たちが、おとなたちが支えますから。心配しないで。自分一人で悩まないで。

きみたちは、幸せになるために生まれてきた。だから、幸せにならなければいけないの。そして、私たちは、きみたちを幸せにする責任があるんです。この前、ある町でお話しをした時に、学園（養護施設）から来ている6年生の男の子が、学園に帰ってこう言ったそうです。学園の先生に、

今、僕はタバコを吸っています。今までは自分の体だから別にいいと思っていたから、指導されてもやめようとはしませんでした。でも、今日の講演会で、自分は3億の中から選ばれた1つだという話を聞いて、選ばれなかった2億9999万9999のためにも、今の自分によくないことは、やめようと思った。先生の話を聞いて、正直泣いてしまいそうなぐらい感動しました。本当に今日はありがとうございました。自分がおとなになったら、先生みたいに素敵なおとなになりたいなあと思いました。それから自分の父さんと母さんたちと、もっと話そうと思いました。

（中学3年）

「先生、先生、僕たちは捨てられたんじゃないよ。僕たちは選ばれたんだよ。僕たちは幸せになる権利がある。だから僕は幸せになる」。こう言ったそうです。

去年、ある中学校の3年生に話をしました。その3年生の女の子2人は、私にこう言いました。その子たちも学園から通っている子たちです。「先生、うちら幸せになるから」。ニコニコ笑っていました。どんな状況、どんな環境にあっても、お母さん、お父さんがもしいなくて、たいへんな状況になったら、私たちおとなは、その子たちを支えていきたいと思っています。みんな幸せになってほしいと思います。そして、きみたちは、自分自身を本当に大切にしなければいけません。

ちょっと聞きます、男の子に。「いま、たばこを吸っている子。たばこを吸っている子、いない?」「あら、いないの」。興味のある子。興味はあるよね。あのね、たばこに興味を持つのはあたりまえ。吸ってみたいと思うでしょう。あれはダメ。なぜかと言うと、たばこを吸うと、スカッとすると言うでしょう、あれはうそよ。たばこのなかには、脳を麻痺させるものが入っているのよ。だから、きみたちは、まだ身体ができていないから、たばこを吸うと、ほんとに頭がボーッとします。やめなさい。おとなになって、がんになってもいいかなあと思ったら吸いなさい。いい?

それから、お酒を飲んでいる子。いない?　お酒。お酒も一緒よ。まだ身体ができあがっていないから、アルコール依存に、ほんとになります。きみたちはまだ身体ができあがっていないから。だからお酒も、身体ができてから飲むほうが、私はいいと思っています。

講演は、いつも聞かされるけれど、どれもこれも途中で眠くなる話ばっかりでした。でも、先生の話はおもしろくて全然眠くなりませんでした。私はまわりから『オタク』と呼ばれる存在で、別に自分ではおかしくないと思っていても、まわりが「あの人たちはオタクだからいやだ」と言ったりして少し悲しくなったりしました。でも、先生の「自分らしく生きる」ということを聞いて、ますますこのままでいいかと思いました。本当にありがとうございました。

（中学1年）

私は頭がよくなくて、その事でいつも親とケンカをしていて、今も親と口をきいていません。でも、先生の話を聞いて、頭がよくなくても頑張ればいいんだっ！　と思えるようになりました。私は選ばれたんだから自分に自信をもって元気に明るく生きていこうと思いました。今、ケンカしてるけど、仲直りしたら、親に心を込めて〝ありがとう〟って言いたいです！

（中学1年）

私は、今の自分が大きらいです。きらいな人にはすぐ文句を言ったり、人が嫌がるようなことをしてしまいます。文句を言ったあと……一番きついのは自分の心です。自分が言われたらとても嫌なのに……いつも口だけ。それが私です。その時だけです。本当にやめたい……。みんなに好かれる、そんな人に私はなりたいです。これからは自分のいいところを探しながら、自分を好きになっていこうと思います。

（中学2年）

いいですね。

女の子、ダイエットしないでくださいよ。まず身体をしっかりつくって、男の子もそう、しっかり食べるのよ、みんな。しっかり食べてね。

きみたちは、幸せになるために生まれてきたのです。みんな幸せになってください。そして私たちおとなは、きみたちを幸せにするためにたくさんの人と手をつなぎ、きみたちを支え、きみたちにいろいろなことを教えるのではなく、伝えていきたいと思います。

命を伝え、笑顔を伝え、優しさを伝え、生きるということ、そして、一人ひとりがどんなに素晴らしいかということ、平和のことも、一人ひとりの命のことも、伝えていきたいと思います。伝えてもらったきみたちは、今度はおとなになった時に、次の子たちにきっと伝えてくれると信じています。

■この講演は、中学1年生を対象に行われたものです。

おわりに

今回、この本を出版し、あらためて思うのです。子どもたちは、どの子も幸せになるために生まれてきたのだと……。そして、子どもたちを幸せにするのが、私たちおとなの責任なのだということを。

いま、私たちおとなは、子どもの幸せを願う、すべての人たちと手をつなぎ（もちろん、この本を読んでいただいたみなさんとも）、自分のできることを、できるところから、子どもたちにかかわり、伝えていく。子どもたちだけではなく、子育て中の親たちにも伝え、支えていく。このことが、本当に求められているのだということを強く感じます。

「あなたたちは、みんな幸せになるために生まれてきたのよ。一人ひとり、どの子もステキよ！　みんな幸せになってね！」。この思いを、これから出会うすべての子どもたちへ伝え続けていきたいと思います。おとなの一人として、子どもたちの人生の先輩として……。

「熊丸さんのこの思いを、もっとたくさんの子どもたちや、子育て中のお母さんやお父さんに伝えていきましょうよ！」と、私の講演を聞いてくださった、かもがわ出版の鶴岡淑子さんの熱いエールと全面的な協力、力強い後押しで、この本を出版することができました。本当にうれしく思います。ありがとうございました。

また、表紙カバーや本文中に載せていただいた私の写真を、実物以上に迫力あるものに仕上げていただいたカメラマンの豆塚猛さん、ありがとうございました。

この本が一人でも多くのみなさんの胸にひびき、私のささやかなメッセージと、子どもたちからのステキなメッセージを感じ取っていただければ、こんなうれしいことはありません。また、そう願っています。

二〇〇七年一月

熊丸　みつ子

熊丸みつ子プロフィール

1951年、福岡県北九州市に生まれる。72年、中津女子短期大学幼児教育科（現東九州短期大学）卒業後、幼稚園教諭として、北九州市、横浜市の私立幼稚園で、幼児教育に携わる。

92年から福岡で幼児教育専門家として、講師活動に入る。

現在、福岡県内外70市町村の子育て教室、母親学級で親子あそび、幼稚園、保育園、小・中学校の講演会講師、小・中学校思春期教室講師、保育士・幼稚園教諭研修会、老人大学講師。

92年から、自宅に音楽教室を開設。

93年から、津屋崎少年少女合唱団の指導にあたり、現在に至る。

2004年、第26回母子保健奨励賞受賞。

他に、福岡県子育てアドバイザー、福岡県家庭教育推進委員として活動している。

著書に『新聞紙で遊ぼう！　雨の日だってへっちゃら』（かもがわ出版）がある。


大丈夫！　子育て順調よ！

乳幼児から思春期の子をもつ親へ

2007年２月25日　第１刷発行
2007年５月21日　第２刷発行

著　者　　熊丸みつ子
発行者　　竹村　正治

発行所　　株式会社 かもがわ出版
〒602-8119 京都市上京区堀川通出水西入
営業部☎075-432-2868　FAX 075-432-2869
編集部☎075-432-2934　FAX 075-417-2114
振替 01010-5-12436
http://www.kamogawa.co.jp

印　刷　　新日本プロセス株式会社

ISBN978-4-7803-0067-3　C0077

大好評発売中

新聞紙で遊ぼう！「雨の日だってへっちゃら！」

熊丸みつ子 著

定価 1890円（税込み）

「えっ！」とおどろく、
まるごと新聞紙の遊び
イラストと写真で
作り方と遊び方を紹介
小さい子だって
自分で作れるよ

新聞紙だけでこんなに遊べる！
雨の日だって、おへやで、みーんなで
たのしく作って遊ぼう！

もくじ

かもがわ出版
〒602-8119　京都市上京区堀川通出水西入
☎075(432)2868／FAX 075(432)2869